Ralph Metzner

# Die sechs Lebenswege

Heiler/Friedensstifter • Forscher/Wissenschaftler
Krieger/Beschützer • Künstler/Musiker
Lehrer/Historiker • Erbauer/Organisator

Ralph Metzner

# Die sechs Lebenswege

**Heiler/Friedensstifter • Forscher/Wissenschaftler**
**Krieger/Beschützer • Künstler/Musiker**
**Lehrer/Historiker • Erbauer/Organisator**

Aus der Buchreihe:
Ökologie des Bewusstseins

Aus dem Amerikanischen von Chris Heidrich

## Impressum

Verlegt durch:
Nachtschatten Verlag AG
Kronengasse 11 • CH-4500 Solothurn
Tel: 0041 32 621 89 49 • Fax: 0041 32 621 89 47
info@nachtschatten.ch • www.nachtschatten.ch


2. Auflage 2020



Übersetzung: Chris Heidrich, Solothurn
Grafisches Konzept: Angela Wirtz, Hannover
Lektorat und Korrektur: Nina Seiler, Zürich
Layout: Janine Warmbier, Hamburg

Printed in EU

ISBN 978-3-03788-282-5

Titel der amerikanischen Originalausgabe The Six Pathways of Destiny aus der Serie Ecology of Consciousness. Publiziert von der Green Earth Foundation, El Verano, Kalifornien, USA, www.greenearthfound.org

Der Verlag dankt der Green Earth Foundation für die finanzielle Unterstützung.



Zur besseren Lesbarkeit wird im Deutschen nur die männliche Form der Substantive verwendet, es sind jedoch grundsätzlich beide Geschlechter gemeint.

# Inhaltsverzeichnis

Einleitung – Die Lebenswege 7

1 Der Künstler, der Geschichtenerzähler, der Dichter, der Musiker 23

2 Der Erbauer, der Organisator, der Produzent, der Ingenieur 47

3 Der Forscher, der Wissenschaftler, der Sucher, der Pionier 57

4 Der Heiler, der Schamane, der Therapeut, der Friedensstifter 77

5 Der Lehrer, der Historiker, der Sozialwissenschaftler, der Journalist 87

6 Der Krieger, der Beschützer, der Reformer, der Aktivist 103

Epilog I – Die Heldendichter des Altertums und des Mittelalters 117

Epilog II – Mittelalterliche Minnesänger und Mystiker-Dichter 121

Ausgewählte Bibliographie 124

## Die sechs Lebenswege

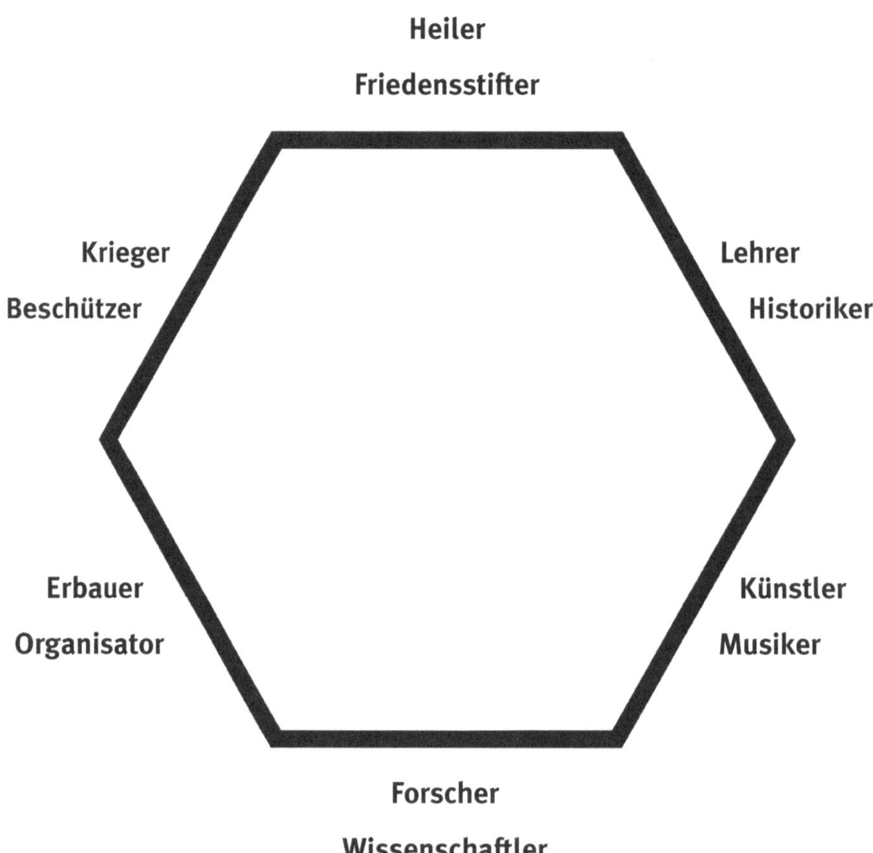

# Einleitung – Die Lebenswege

Als menschliche Seele inkarniert sich jeder von uns mit einem bestimmten Ziel, einer Intention oder Vision für dieses Leben – was wir hier tun und was wir sein wollen. Das alte Zen-Koan – *Welches war dein ursprüngliches Gesicht vor deiner Geburt?* – fordert uns heraus, diese Vision zu befragen und uns auf sie einzustimmen. Die Seele wählt einen oder mehrere der sechs wichtigen archetypischen Lebenswege in der Gesellschaft, um dadurch ihren Begabungen Ausdruck zu verleihen und ihre Vision zu verwirklichen: *Heiler / Friedensstifter, Forscher / Wissenschaftler, Krieger / Beschützer, Künstler / Musiker, Lehrer / Historiker und Erbauer / Organisator.* Während der Entwicklungsjahre in Kindheit und Jugend tragen wir ein intuitives Gespür für diese Vision im Geist und im Herzen. Vielleicht empfangen wir kurze Einblicke oder Träume, erhalten geistige Botschaften oder stehen im Kontakt mit Lehrern und Vorbildern, die uns bei der Suche nach unserem Weg, unserer einzigartigen Bestimmung inspirieren.

In den traditionellen Gesellschaften war die Rolle, die man in der Gesellschaft zu spielen hatte, durch die Familie, in die man hineingeboren wurde, vorbestimmt und deshalb unabänderlich. Im alten Indien bedeutete das Prinzip des *Dharma* zum Beispiel, dass man in eine der vier Hauptkasten hineingeboren wurde: diejenige der Krieger/Gesetzgeber, der Priester/Lehrer, der Kaufleute/Händler oder der Arbeiter/ Sklaven. Im mittelalterlichen Japan kannte man vier Gesellschaftsschichten – den Edelmann, den Bauern, den Künstler und den Kaufmann. Im mittelalterlichen Europa existierte eine ähnliche Aufteilung in die vier Ränge der Ritter/ des Adels, der Kleinbauern / Leibeigenen, Priester/Mönche und Kaufleute/ Händler. Während die landbesitzende Aristokratie und die das Land bearbeitenden Kleinbauern/Sklaven durch das Familienerbe völlig in ihren Rollen gefangen waren, boten religiöse Orden und Kaufmannsgilden etwas mehr Wahlfreiheit und Beweglichkeit.

Die Aufhebung der erblichen Aristokratien sowie des kolonialistischen Leibeigentums und der Sklaverei durch die revolutionären Unabhängigkeitskriege schuf den sozioökonomischen Raum für die aufkommenden Mittelschichten, begleitet von der wachsenden Gleichberechtigung der Geschlechter und differenzierten

Berufsbildern, die den individuellen Interessen und Fähigkeiten entsprachen. Diese Entwicklungen auf politischer Ebene, die im späten 18. Jahrhundert in Nordamerika begonnen hatten, verbreiteten sich in den folgenden zwei bis drei Jahrhunderten nach Europa, Russland und schließlich in alle Teile der Welt; sie wurden begleitet durch blutige Eruptionen von Krieg und Gewalt, in denen Millionen von Menschen getötet wurden.

Im selben Zeitraum kam es durch die industrielle Revolution zu einer Neuordnung der modernen Gesellschaften, die einen enormen Bevölkerungszuwachs nach sich zog und zur Entstehung der beiden großen sozioökonomischen Klassen führte, wie sie Karl Marx beschrieb: die Produzierenden – das für Lohn arbeitende Proletariat – und die Eigentümer der Produktionsmittel, die kapitalistische Bourgeoisie. Sowohl die politischen Befreiungskriege als auch die sozioökonomischen Klassenkämpfe dauern mit mehr oder weniger offener Gewalt weltweit bis heute an, da die fest etablierten Herrschaftsstaaten und unterdrückerischen Klassensysteme sich gegen die Befreiungsbewegungen zur Wehr setzen.

Obwohl in der modernen Welt theoretisch und von Gesetzes wegen für alle die gleichen Chancen und Möglichkeiten gelten, wird die Berufswahl des Einzelnen immer noch zu weiten Teilen durch die Geburt in die eine oder andere sozioökonomische Klasse festgelegt oder vorherbestimmt. Wie schon Marx weitblickend vorhersagte, ist es unvermeidbar und notwendig, den Klassenkampf weiterzuführen, um die Muster der Unterdrückung, Beherrschung und Voreingenommenheit zu durchbrechen, die den Einzelnen an der freien Entfaltung seines kreativen Geistes hindern.

Der grundlegende Wert der Verbindung zum Erbe der Vorfahren liegt dennoch seit alters her bis heute in der Beratung, der Bildung und der Unterstützung, die Eltern ihren Kindern mit auf den Weg geben können. Für die meisten von uns war und ist es in unseren Entwicklungsjahren ein zentrales Thema, ob und wie wir „in die Fußstapfen" eines oder beider Elternteile treten und inwiefern wir unseren eigenen Weg finden und einschlagen sollen. Ebenso ist es in unseren mittleren Erwachsenenjahren für uns von zentraler Bedeutung, unsere Nachkommen auf ihre Rolle und ihre Tätigkeit in der Gesellschaft vorzubereiten und sie dabei zu beraten – was manchmal zu Obsessionen und Konflikten führen kann, besonders wenn es um ererbten Reichtum geht.

Die offiziell anerkannte abendländische Weltanschauung, die der Existenz der Seele und des Geistes keine Bedeutung beimisst, betrachtet nur die genetische Veranlagung und das frühe familiäre Umfeld als ausschlaggebend für die Entwicklung der Persönlichkeit. Alte Traditionen, insbesondere die des Ostens, welche die Wahrheit der Reinkarnation bewahrt haben, lehren, dass sich die inkarnierende *Seele* (nicht die Persönlichkeit natürlich) frei entscheidet, geboren zu werden, indem sie mit ihren Elternseelen zusammenkommt und eine Vereinbarung trifft.

Die Eltern stellen dann die genetische Matrix und das Ursprungszuhause zur Verfügung, damit die Seele die Persönlichkeit entwickeln kann, die während ihrer örtlichen und zeitlichen Existenz auf der Erde das Gefährt oder Gefäß bildet. In *Der Lebenszyklus der Menschenseele* berichtete ich über zahlreiche Schilderungen von Personen, die sich in ihren Träumen und visionären Zuständen daran erinnerten, wie sich die Seele vor der Empfängnis ihre Eltern und damit auch die Gemeinschaft und die Gesellschaft auswählte, mit bewusster Aufmerksamkeit für die Lektionen, welche sie zu lernen gedachte und die Aufgaben, welche sie erfüllen wollte.

Manche Leser mögen einwenden, dass meine Ausführungen darüber, wie die Seele sich ihre Inkarnation auswählt, für sie nicht wahr klingen, weil sie nicht daran glauben, dass sie irgendeine Wahlmöglichkeit in Bezug auf ihre Ahnen oder auf die Zeit und den Ort ihrer Geburt hatten. Sie sind überzeugt, dass es sich dabei um ein vorherbestimmtes Schicksal handelt – ein Konzept, auf das ich später eingehen werde. Als Vertreter des radikalen Empirismus oder des Empirismus aus Selbsterfahrung kann ich selbstverständlich nicht wissen, ob es immer und für alle Personen zutrifft, dass die Seele sich ihre Inkarnation und ihre Geburt aussucht. Meine persönlichen Erfahrungen sowie die Berichte anderer Beobachter haben mich zu den Schlussfolgerungen geführt, die ich hier vorlege.

Wenn sich die Seele für eine Familie entscheidet, verbindet sie sich mit zwei genetischen Linien, die beide ihre Stärken und Schwächen, ihre Traditionen, Werte und ihr Potenzial haben. Indem wir eine Gemeinschaft, eine Gesellschaft, eine bestimmte Zeit und einen bestimmten Ort wählen, an dem wir geboren werden, treten wir ein in die Matrix der Kräfte und Bedingungen, die den Übungsplatz für unsere gegenwärtige Inkarnation bieten. Die alte Divinationskunst der Astrologie verwendet die Planetenstellungen unseres Sonnensystems zur Zeit unserer Geburt sowie ihre Stellung in Bezug auf unseren Geburtsort, d.h. die Planeten, die gerade „aufgingen" oder „am Zenit standen", als symbolische Indikatoren für den Weg unseres Lebens und dessen Lernmöglichkeiten.

Im *Tibetischen Totenbuch*, einem esoterischen buddhistischen Text, der sich mit dem Tod, dem Nachtod und der Wiedergeburt beschäftigt, werden die *Bardo*-Zustände zwischen den Leben beschrieben, in denen sich die Seele mit ihren karmischen Tendenzen auseinandersetzt, durch die sie in eine neue Inkarnation gelenkt wird. Diesen Lehren zufolge ist der Grad an bewusster Intention, mit der wir in diesen Prozess eintreten, entscheidend, um die Vorbedingungen für ein wahrhaft menschliches Leben zu schaffen – ein Leben, das die „kostbare Gelegenheit" zur Befreiung und Erleuchtung bietet. Auf ihrem Weg durch das Bardo wird die Seele aufgefordert, ihr Tempo zu verlangsamen, dem unbewussten Sog des karmischen Windes zu widerstehen und sich stattdessen weise und umsichtig für eine neue Familie zu entscheiden, in die sie hineingeboren wird.

Es ist immer eine Frage der kontinuierlichen Achtsamkeit, ob es uns gelingt, die Lebensweise zu wählen, die wir uns vorstellen, ob nun auf der Ebene des gewöhnlichen Lebens oder auf den Ebenen des Nachlebens und der Wiedergeburt. Im Bardo-Zustand des wachen Alltagslebens entscheiden wir uns entweder bewusst für den nächsten Gedanken, das nächste Wort und die nächste Handlung oder wir bewegen uns wie Schlafwandler auf den Pfaden vorprogrammierten geistiger und körperlicher Gewohnheiten. Ebenso wählen wir im Bardo-Zustand vor der Empfängnis und Wiedergeburt entweder bewusst die Familie und die Lebensbedingungen für das kommende Leben – oder wir werden unbewusst in unsere nächste Existenz hineingezogen, gemäß den bereits vorhandenen karmischen Tendenzen.

Die Entscheidungen, die wir von einem Augenblick zum anderen in unserem Leben treffen, formen unseren Charakter. Ein altes Sprichwort, das wohl aus dem

Talmud stammt, fasst die Abfolge der Schritte in Worte: *Unsere Gedanken werden zu Worten – unsere Worte werden zu Taten – unsere Taten werden zu Gewohnheiten – unsere Gewohnheiten werden unser Charakter – und unser Charakter ist unser Schicksal.*

### Karma, Schicksal und Bestimmung

Mit der Entscheidung zur Inkarnation wählt die Seele die Schicksalsfäden, das Karma aus anderen Leben und die genetischen Fäden der Vorfahren und der Familie aus, um sie ganz zu Beginn unseres Lebenswegs miteinander zu verweben. Die Vorbedingungen unseres Lebens sind festgelegt durch unser Karma, den Folgen unserer Gedanken und Handlungen in der Vergangenheit, sowohl aus früheren als auch aus unserem gegenwärtigen Leben. Wir tragen das Karma aus unseren vergangenen Leben in das gegenwärtige Leben hinein, als Neigungen oder als „Keime" – und es ist unsere Lebensaufgabe und unsere Chance, die aufkeimenden Neigungen zu nähren, die wir gerne ausbauen und entwickeln möchten, und denjenigen keine Nahrung zu geben, die wir aussortieren und hinter uns lassen wollen.

In den westlichen philosophischen Traditionen bezieht sich *Karma* auf „Schicksal" (englisch: *fate*; vom lateinischen *fata*, „was beschlossen wurde") sowie auf das „Los" der Begabungen und Schulden, die wir von Anfang an mit uns herumtragen. Karma und Schicksal sind die unvermeidlichen, fixen Vorbedingungen unserer Existenz, die Karten, die wir in dieser Runde im Spiel des Lebens als Menschen auf dem Planeten Erde zugeteilt bekommen haben.

Im griechischen Mythos von den drei *Moiren*, den Schwestern der Zeit und des Schicksals, ist *Klotho* (deren Name mit dem englischen „cloth", Stoff, und „clothes", Kleider, zusammenhängt) diejenige, die den genetischen Doppelhelix-Faden eines jeden Lebens vor unserer Geburt zum individuellen Muster und Gewebe spinnt. Die Römer nannten sie *Nona* (die „Neunte") und pflegten die Anrufung ihres Namens hauptsächlich im neunten Schwangerschaftsmonat, kurz vor der Geburt. *Lachesis* ist diejenige, die „das Los austeilt", das Sterben bestimmt, die Karten verteilt oder die Runen auslegt und so die räumlich-zeitlichen Bedingungen festlegt, in die das neue Leben hineingeboren wird.

In der altnordischen Tradition von den drei *Nornen* ist das Schicksal das Reich der *Skjuld*, deren Name auf das Wort „Schuld" sowie auf „Schulden" verweist. Schuld ist das subjektive Gefühl, jemandem etwas schuldig zu sein, die nagende innere Stimme, die uns antreibt, die Schulden zu begleichen, so dass sie verstummen kann. Wird uns bewusst, dass wir jemandem Schaden zugefügt haben, sei es durch Worte, Handlungen oder Missachtung, bewegt uns das Gefühl der Schuld dazu, den Schaden wieder gutzumachen, uns zu entschuldigen und die beeinträchtigte Beziehung wieder in Ordnung zu bringen. So besteht die soziale Funktion der Schuld nicht darin, uns selbst zu bestrafen oder an uns selbst Vergeltung zu üben, sondern unsere zwischenmenschlichen Beziehungen wieder herzustellen und auszugleichen. In unseren Divinationsreisen verbinden wir uns mit der Norne *Skjuld* mit der Bitte um die tiefere Erkenntnis unserer unbezahlten karmischen Schuldenlast – auf individueller, gemeinschaftlicher oder gesellschaftlicher Ebene.

Schicksal und Karma verbinden uns mit der Vergangenheit – den unvermeidlichen Konsequenzen unseres genetischen Musters und unserer Handlungen in diesem und in vorherigen Leben. Bestimmung verweist andererseits stärker auf die traditionelle indische Vorstellung vom *Dharma*. Sie ist zukunftsorientiert, und ihr Ausgang ist offen; sie ist der Zweck und das Ziel unseres Lebens; sie ist das, was wir sein wollen und was wir mit den Begabungen und Talenten, mit denen wir ausgestattet wurden, anfangen wollen; sie zeigt, wie wir uns entscheiden, die uns zugeteilten Rollen in den Spielen unserer Gesellschaft auszufüllen. In *The Unfolding Self (Hineingehen)* schrieb ich über die paradoxe Beziehung zwischen den Begriffen Schicksal und Bestimmung:

> Wir erfüllen unsere Bestimmung, indem wir unseren freien Willen ausüben. Doch solange unser Wille nicht wirklich von den Konsequenzen unserer vergangenen karmischen Handlungen und Tendenzen befreit ist, die unser Schicksal bestimmen, können wir diese Freiheit nicht richtig ausüben. Theoretisch sind wir zwar zum freien Willen in der Lage, doch in der Praxis oder in der Realität sieht es anders aus – bis wir befreit sind. Wenn wir uns durch die Prozesse und Methoden der Transformation nicht mehr als Opfer unseres Schicksals wahrnehmen, kann es uns gelingen, unsere Bestimmung zu meistern (*Hineingehen*, S. 73).

In der altnordischen Tradition ist die Bestimmung das Reich der Norne *Urd*, deren Name sich auf das Netz der potenziellen Verbindungen und der sich entwickelnden Kräfte bezieht, die unser Leben durchwirken. Das altnordische Wort *urd* bezieht sich auf das angelsächsische *wyrd* oder *weird*, die seltsamen unerwarteten Rätsel und Wendungen des Schicksals und der Bestimmung, auf die sich die Zauberer und Hexen (die „unheimlichen Schwestern" in Shakespeares *Macbeth*) einstimmen konnten, um das Verborgene zu erkennen und vorherzusehen, wie sich unsere wahrscheinlichen und möglichen Zukunftslinien entfalten würden.

Wir alle kommen mit einem bestimmten Geschlecht, einer besonderen genetisch festgelegten psychophysischen Konstitution, mit speziellen Charaktereigenschaften und Begabungen sowie mit den Stärken und Schwächen unseres spezifischen genetischen „Genius" zur Welt. Mit der Geburt haben sich unsere Seelen für die besonderen sozialen und historischen Umstände unserer Herkunftsfamilie entschieden. Dies sind die Themen unseres Schicksals, es ist unser Los in diesem Leben, es ist der Beginn des Abenteuers unserer gegenwärtigen Inkarnation. Was wir aus unseren Begabungen und Talenten machen, wie wir mit den Hindernissen und Herausforderungen durch unseren schicksalsgegebenen Ursprung umgehen – das sind die erweiterbaren Konturen unserer potenziellen Bestimmung.

Wir können über die Tatsache nachdenken, dass das Wort „Talent"– die geerbten, angeborenen Begabungen, durch die wir uns kreativ ausdrücken – sich von dem Wort *talenton* ableitet, das in der griechisch-römischen Welt ein Zahlungsmittel bezeichnete. Man könnte vielleicht sagen, dass man ein Profi ist, wenn man ein natürliches Talent entwickelt oder soweit ausbaut, dass man von anderen für dessen Ausübung bezahlt wird. Amateure entwickeln und üben ihre Talente aus reiner Liebe zum Spiel. Andererseits kennt jeder von uns Menschen, die ihre Talente vergeuden und ihr potenzielles Genie nicht entwickeln. Talent oder Geld zu haben, ist keine Garantie für Erfolg oder Glück.

Dieses Thema wird in der biblischen Parabel von den anvertrauten Talenten veranschaulicht (Matthäus 25:14-30). Darin spricht Jesus von einem Mann mit drei Dienern. Einer hat fünf Talente bekommen. Er zieht los und investiert sie, damit er fünf weitere bekommt, und als der Meister zurückkehrt, belohnt er ihn, indem er ihm mehr Verantwortung überträgt. Ein anderer erhält zwei Talente. Er investiert sie und gewinnt zwei weitere. Auch ihn belohnt der Meister bei seiner Rückkehr. Der dritte hat ein Talent erhalten, das er versteckt und hortet, aus Angst, es zu verlieren – und er beklagt sich, dass der Meister „ein harter Mann ist, der einheimst, was er nicht gesät hat". Die Geschichte erzählt, dass dieser dritte Diener, der sein Talent gehortet hat und sich über sein hartes Schicksal, sein schwieriges Los im Leben, beklagt, vom Meister abgewiesen wurde – er hätte sein Talent stattdessen nutzen und das Beste daraus machen sollen, was auch immer er erhalten hatte.

In seinem wunderbaren Erzählband *Fate and Destiny – The Two Agreements of the Soul* („Schicksal und Bestimmung – die zwei Übereinkünfte der Seele") schildert Michael Meade beredt und erkenntnisreich, wie diese beiden Vereinbarungen über Schicksal und Bestimmung miteinander verknüpft sind.

> Das Schicksal umfasst jene Dinge, die dem Stoff unserer Seele von Anfang an eingewoben sind … Unsere Einzigartigkeit ist genau dort verwoben, wo der Faden unserer Bestimmung sich mit den Windungen unseres Schicksals verknüpft. Das Schicksal enthält unser tiefstes Empfinden von Subjektivität, während wir das Subjekt mysteriöser Begrenzungen und offen für überraschende Möglichkeiten sind. Schicksal kann als etwas angesehen werden, das uns auf alle erdenkliche Art limitiert, einschränkt oder sogar einkerkert; und zum Schicksal müssen wir uns hinwenden, wenn wir zu unserer Bestimmung erwachen. Sobald wir versuchen, unsere Bestimmung zu leben, begegnen wir zwangsläufig den Hürden unseres eigenen Schicksals (…)
>
> Das Schicksal legt ein Gebiet oder Territorium fest, in das wir uns begeben sollen. Zur Bestimmung gehört, dass wir einen Weg hinausfinden aus den Gebieten, welche die Vitalität unseres Lebens einschränken, oder sogar genau durch sie hindurch (…) Wo immer wir uns den Grenzen unseres Schicksals entgegenstellen, stehen wir auch vor den Toren unserer Bestimmung. Zusammengenommen sind Schicksal und Bestimmung das Ziel, wenn wir unser Leben vom anderen Ende aus betrachten.

> Wir haben eine Verabredung mit der Bestimmung, doch wir müssen die Enttäuschungen des Schicksals ertragen, um dorthin zu gelangen... Wenn wir die Begrenzungen des Schicksals und die Hinweise der Bestimmung ignorieren, ziehen wir unser unbewusstes Lebensnetz zusammen ... Schicksal bedeutet „es steht geschrieben", doch die innere Erzählung unseres Schicksals erzeugt einen lebendigen Text mit einer atmenden Aufzeichnung, die offen ist für Interpretation und Veränderung.
>
> Schicksal und Bestimmung sind in unserem Innern eng miteinander verwoben, und in ihrer Nähe können wir den wahren Genius unseres Lebens finden. (*Fate and Destiny*, S. 2–5).

## Verbindung mit den Vorfahren und dem Rat der Ältesten

In *Der Lebenszyklus der Menschenseele* beschreibe ich die Divinationen, die es ermöglichen – mit oder ohne entheogene Unterstützung –, sich auf eine Art Ansammlung der Ahnenseelen einzustimmen oder sie manchmal sogar wahrzunehmen; wir erkennen in ihnen unsere verstorbenen Eltern oder Vorfahren wieder – einigen von ihnen sind wir in diesem Leben möglicherweise nie persönlich begegnet. Einen solchen Vorgang kann man als eine Art reflektierendes Erinnern bezeichnen, das uns ermöglicht, uns in Dankbarkeit und Anerkennung auf diejenigen Qualitäten einzustimmen, die uns unsere Eltern zum Zeitpunkt der Zeugung weitergaben und solche, die sie in der Kindheit auf uns übertrugen. In jenem Buch nehme ich Bezug auf mehrere Berichte über eine solche Rückverbindung zu den Ahnen, durch die ein Einzelner sich auf seinem persönlichen Lebensweg gestärkt und ermutigt fühlen kann.

Eine Verbindung mit unseren Ahnen kann auch spontan in unseren Träumen stattfinden. Ich habe zum Beispiel den Vater meines Vaters, der das Verlagsgeschäft der Familie gründete, nie persönlich gekannt, da er starb, bevor ich auf die Welt kam. Erst viel später – nachdem ich mit der zweiten Frau meines Vaters, die heute das Familienunternehmen leitet, Kontakt aufgenommen hatte, um über eine verlegerische Zusammenarbeit zu sprechen – träumte ich zum ersten Mal von meinem Großvater. Ich sah ihn inmitten einer Gruppe von Leuten stehen; er sah förmlich aus, doch er schaute mich auf eine Weise an, die eine freundschaftliche

Anerkennung unserer Verbindung signalisierte. Mir schien es, als ob er – neunzig Jahre nach seinem physischen Ableben – noch immer am Familienunternehmen interessiert oder mit ihm verbunden sei.

Nachdem wir uns mit Anerkennung und Dankbarkeit auf die Eigenschaften und Qualitäten eingestimmt haben, die wir genetisch und im Laufe der Entwicklung von den eigenen Eltern übernommen haben, angefangen beim Moment der Zeugung und während der Entwicklungsjahre, können wir tiefere Fragen stellen, die uns genau auf die Ebene bringen, auf der es um die Inkarnation der Seele und ihre Absicht geht. Wir können die Divinationsfrage stellen – *Warum hat sich meine Seele entschieden, in diese Familie – mit dieser Mutter, diesem Vater, diesen Umständen – hineingeboren zu werden?*

Die Antworten, die wir auf solche reflektierenden Fragen erhalten, können oftmals zu einem überraschend größeren und tieferen Verständnis, zu Selbstakzeptanz und Mitgefühl für andere führen. Man könnte vielleicht entdecken, dass sich hinter der Entscheidung der Seele für die Eltern die Aufarbeitung einer karmischen Verstrickung oder Schuld aus einer anderen Existenz verbirgt. Es kann zum Beispiel sein, dass eine Frau herausfindet, dass sie und ihre Mutter in einem vergangenen Leben Rivalinnen waren und denselben Mann liebten – den Mann, der in diesem Leben der Vater der einen und der Ehemann der anderen ist. Das Erkennen solcher Verbindungen kann unser Empfinden, Umstände, die wir nicht gewählt haben, und ein schwieriges Schicksal ertragen zu müssen, so verändern, dass wir die Lektionen annehmen können, die es in einer selbstgewählten Situation zu lernen gilt. Es ist, als würden die Seelen einige der grenzenlosen Variationsmöglichkeiten in einem kosmischen Lernspiel ausagieren.

Häufig scheint es eine deutliche Verbindung zu geben zwischen dem erwarteten Lebensweg und dem Ziel. Vielleicht trifft eine angeborene Neigung in der Kindheit mit dem Vorbild der Eltern zusammen und führt das Kind eines Arztes zur Medizin oder das Kind eines Soldaten zum Militär. Jemand, der in eine Musikerfamilie geboren wurde, wird sein Leben vielleicht der Musik widmen – die Seele hat eindeutig ein Umfeld gewählt, das ihre mitgebrachten Talente erkennt und fördert.

Die Seele entscheidet sich zwar bewusst für die Familie, doch die zeitlichen und räumlichen Bedingungen ihrer irdischen Geburt müssen nicht zwingend zur Verwirklichung ihres Lebensziels beitragen. Der Film *Nannerl, die Schwester von Mozart* erzählt die ergreifende Geschichte von Wolfgangs älterer Schwester; obwohl sie ebenfalls musikalisch begabt war, verweigerten ihr die besorgten Eltern wider Willen die Entwicklung ihres musikalischen Talents, da sie die gesellschaftliche Realität des 18. Jahrhunderts erkannten, in der ausschließlich Heirat und Mutterschaft einer Frau das Überleben ermöglichten.

Manchmal erkennt eine Seele ihr Lebensziel erst durch das wachsende Bewusstsein für die unvereinbaren oder entgegengesetzten Ethnien, Religionen, Klassen, Nationalitäten oder Kulturen ihrer Eltern. So war es auch bei mir, mit meinem deutschen Vater und meiner britischen Mutter, als mir klar wurde, dass mein lebenslanges, nahezu besessenes Interesse an der Lösung internationaler Konflikte und Meinungsverschiedenheiten zweifellos darauf beruhte, dass ich als Kind miterlebt hatte, wie die beiden Nationen, denen meine Eltern angehörten, Krieg gegeneinander führten. Ich hörte einmal, wie eine Ärztin über ihren Friedensaktivismus berichtete, der darauf basierte, dass sie als Kind einer amerikanisch-jüdischen Mutter und eines arabisch-muslimischen Vaters aufwuchs. Dahinter verbirgt sich die Geschichte von *Romeo und Julia* sowie zahllosen anderen Geschichten in der Weltliteratur und im Film, in denen sich ein Paar für „Make love, not war" entscheidet – Liebe statt Krieg –, und Brücken der Liebe über die Kluft aus Hass und Missverständnissen baut. Es ist durchaus möglich, dass die Versöhnung solcher Differenzen ein Leitmotiv im Leben derer ist, die solchen Vereinigungen entstammen.

In den Divinationsritualen zu den Ahnen schlage ich in der Regel vor, dass sich die Teilnehmer zuerst mit ihrer Familie, ihren Vorfahren und ihren Seelenbegleitern verbinden, um anstehende Fragen oder Schwierigkeiten zu lösen, und dann Fragen über ihren Lebensweg, ihre Arbeit und ihr Ziel stellen. Bei solchen Divinationen zu den Ahnen ist manchmal außer dem Rat der verstorbenen Eltern und Vorfahren auch die Präsenz eines Ältestenrats wahrnehmbar, der irgendwie „hinter" und „über" den Ahnen steht. Man nimmt diese Ältesten als Wesenheiten wahr, die mit uns, möglicherweise durch viele Leben hindurch, als Lehrer und Führer verbunden sind.

Unsere genetischen Vorfahren im Hier und Jetzt sowie im Nachtod sind – einzeln oder als Ratsversammlung – unsere Begleiter und Unterstützer bei Fragen, die mit familiären Verstrickungen sowie mit dem Überleben in der gegenwärtigen Welt und in diesem Leben zu tun haben. Der Rat der Ältesten und Lehrer sowie Einzelne aus ihrer Runde wirken als spirituelle Begleiter für die unsterbliche Seele beim Erarbeiten ihrer karmischen Lektionen und Entwicklungsziele durch viele Inkarnationen hindurch, in denen sie in ganz verschiedenen familiären und sozialen Verhältnissen gelebt hat. Ein armer Mann war möglicherweise ein Prinz, und die Prinzessin war vielleicht eine Prostituierte.

Durch kontinuierliche meditative Einstimmung auf die Ebene der Seele kann es den Menschen gelingen, einzelne Wesen dieses Rats zu identifizieren und beim Namen zu nennen; diese Wesen können eine menschliche Form annehmen, in Visionen als Himmelswesen und Engel erscheinen oder sie sind sogar völlig formlos, jedoch auf unmissverständliche Weise mitteilsam. Sie sind Geister, die uns durch viele Leben hindurch auf den Pfaden unserer spirituellen Bestimmung begleiten, sowohl in dieser Welt als auch in denen, die jenseits von Raum und Zeit liegen.

Aus den modernen Erkundungen der Nachtod-Ebenen mittels Entheogenen und Hypnose sowie anhand der Berichte von Reinkarnationstherapeuten erfahren wir von den Begegnungen der Seele mit diesem Rat der begleitenden Geister oder geistigen Begleiter. Mit ihm kommen wir nach dem Ende eines Lebens zusammen, um in der Rückschau zu beurteilen, welche Lektionen wir gelernt haben und inwieweit die Ziele unserer Seele erfüllt wurden – oder verfehlt worden sind. Sobald die Entscheidung für eine neue Inkarnation gefallen ist, begegnen wir diesen Wesenheiten wieder, um auf eine neue menschliche Existenz mit neuen Absichten und Zielen vorauszublicken.

### Übergänge, Initiationen und Disziplinen

Auf jedem der sechs Pfade gehören zur Arbeit, die wir innerhalb der Gesellschaft leisten, charakteristische Techniken, die während der Entwicklungsjahre erlernt werden müssen. Wir müssen uns das Wissen sowie die praktischen Fähigkeiten und Techniken unseres Berufes aneignen, um ihn ausüben zu können.

Dadurch verbinden wir uns mit den Linien und Traditionen derjenigen, die vor uns diese Wege gegangen sind. Wir durchlaufen eine Reihe von Prüfungen und Initiationen, bis wir schließlich Kollegen, Mitarbeiter und potenzielle Konkurrenten in unserem Fachgebiet sind.

Der große Mythologe Joseph Campbell pflegte auf die Frage nach der Wahl der Arbeit in der Welt zu sagen, man solle dem „Glücksgefühl" folgen – dem Gefühl, das man hat, wenn die eigene Arbeit mit der Vision der Seele übereinstimmt. Das wirft die Frage auf, wie man denn dieses Glücksgefühl finden kann, um ihm zu folgen. Dies ist die Herausforderung und Aufgabe, der wir in unseren Entwicklungsjahren sowie in anderen Übergangszeiten unseres Lebens gegenüberstehen.

Es mag Zeiten geben, in denen wir verwirrt, bedrückt und alles andere als glücklich sind, wenn wir die Pfade oder Tätigkeitsbereiche, die unsere Zeit beanspruchen, nicht klar erkennen können oder uns mit keinem Beruf oder Weg in unserem Umfeld identifizieren können. Solche Perioden lassen sich als Rückzugs- und Erholungszeiten nutzen – um eine neue Vision, einen neuen Pfad oder eine neue Richtung für das Leben zu finden.

Einige dieser Übergänge sind vielleicht von einer mehr oder weniger traumatischen Neuorganisation unserer gesamten Lebenswelt begleitet und stellen unsere Auffassung davon, wer wir sind und was die Welt ist, auf den Kopf. Ein angehender Schamane wird vielleicht eine „schamanische Krankheit" mit unbekanntem Ausgang durchleben. In dieser Phase lernt er jedoch, mit den spirituellen Helfern und Verbündeten in Kontakt zu kommen, die seine heilerische Arbeit in der Welt ermöglichen. In einigen indigenen Gesellschaften wurden solche traumatischen Initiationen ganz bewusst in die Übergangsriten für junge Erwachsene eingeplant, um den Bruch zwischen Kindheit und Erwachsenenalter zu unterstreichen.

Andererseits finden einige Menschen ihren Lebenspfad ohne traumatische Initiationen oder Störungen und erwerben mehr oder weniger geradlinig das notwendige Wissen und die erforderliche Disziplin für ihren gewählten Beruf. In diesem Buch werden wir jeden der sechs Pfade daraufhin untersuchen, welches die charakteristischen Disziplinen sind, die man sich in den Entwicklungsjahren aneignen muss, und welche Initiationsübergänge auftreten können, wenn man den gewählten Pfad betritt oder einen neuen findet.

Es gibt auf jedem Pfad und in jedem Tätigkeitsbereich führende und zuarbeitende Rollen. Man ist vielleicht der leitende Manager einer Firma oder einer ihrer Arbeiter; der Chefchirurg eines Krankenhauses oder eine Hilfspflegerin. Obwohl sich derartige Unterschiede im Sozialstatus und der beruflichen Stellung grundlegend auf das Gehalt einer Person auswirken können und somit auch ihr Selbstwertgefühl, ihre Fähigkeit, ihre Familie zu unterstützen, sowie ihre Rolle in der Gesellschaft beeinflussen – vom Standpunkt ihrer spirituellen Entwicklung aus gesehen sind dies nicht die wichtigsten Themen. Es ist wie in der Parabel von den Talenten – jeder von uns hat bestimmte Begabungen und einige Gelegenheiten, diese zu entwickeln. Unsere Zufriedenheit und die Erfüllung unserer Bestimmung hängen davon ab, wie wir mit den Herausforderungen durch das Schicksal umgehen und wie wir die Talentkarten einsetzen, die uns im großen Spiel des menschlichen Erdenlebens zugeteilt wurden.

### Die Rolle der Frauen in der Gesellschaft

Bekanntlich gibt es für Frauen, wenn sie ihren gewählten Lebenspfad finden und verfolgen wollen, besondere Herausforderungen zu meistern. Eines der Kennzeichen der Entwicklung moderner Gesellschaften ist die zunehmende Gleichstellung und die Liberalisierung des sozialen Status der Frauen und damit auch ihrer Möglichkeiten, ihrem Lebenspfad zu folgen. Die Kämpfe für politische Freiheit, ökonomische Chancen und den Zugang zur Bildung in der politischen Szene weltweit drehen sich um das Anliegen, den sozioökonomischen Status der Frauen auszugleichen. Sogar in der Welt des 20. und 21. Jahrhunderts, in der diese soziale Evolution soweit fortgeschritten ist wie noch nie zuvor, können wir immer noch feststellen, wie stark das berufliche Fortkommen behindert war, besonders für die älteren Generationen.

In diesem Buch bitte ich den Leser, nicht nur über seinen eigenen gewählten Lebenspfad zu reflektieren, sondern auch über den des Vaters und der Mutter. Eine verheiratete Frau mit Kindern hat vielleicht ihren Lebenstraum aufgegeben, um ihren Mann auf seinem Weg zu unterstützen und sich als Mutter um die gemeinsamen Kinder zu kümmern. Einige widmen sich vielleicht zwanzig Jahre lang ganz der Ehe und der Mutterschaft, um dann zu ihrem ursprünglich gewählten Pfad überzugehen oder ihn fortzusetzen. Einige haben, als mutige und seltene Ausnahmen, die nötige Energie und soziale Unterstützung gefunden, damit sie ihre Mutterrolle mit ihrem kreativ-spirituellen Lebenspfad vereinen können.

### Heil-Sein und Meisterschaft

Jeder der sechs Lebenswege steht nicht nur für unsere Karriere, unseren Beruf oder unsere Arbeit in der Welt, er ist auf einer tieferen Ebene auch der spirituelle Entwicklungspfad, den die Seele gewählt hat. Für diejenigen, die sich gegen eine weltliche Tätigkeit und gegen familiäre Verpflichtungen entscheiden, steht auch in modernen Gesellschaften immer noch die traditionelle Rolle des klösterlichen Rückzugs offen. Andere finden vielleicht, dass sie zwischen ihrer Arbeit in der Welt, dem Beruf, den sie zur materiellen Absicherung ihrer Familie ausüben, und ihren Vorstellungen und Praktiken zur spirituellen Entwicklung eine Grenze ziehen sollten. Für viele, wenn nicht sogar für die meisten von uns, bleibt es eine lebenslange Herausforderung, Arbeit zu finden oder zu schaffen, die unseren materiellen Lebensunterhalt abdeckt und zugleich das kreativ-spirituelle Wachstum unserer Seele fördert.

Es heißt, dass alle Lebenspfade der menschlichen Seele Variationen des „dienenden Lebenspfades auf Erden" sind – im Dienst für andere, für das Leben und für die Welt. Der Heiler, der Forscher, der Krieger, der Künstler, der Lehrer, der Organisator – alle tragen sie zur Unterstützung der anderen bei, indem sie ihre eigenen spezialisierten Fähigkeiten und Talente ausüben. Einige finden ihre Erfüllung darin, dass sie sich ganz einem einzigen Weg und einer bestimmten Praxis verschreiben. Andere fühlen sich unvollständig oder unausgeglichen, wenn sie ihr Interesse und ihre Zeit zu stark auf eine einzige Sache ausrichten. Nimmt eine solche Unausgeglichenheit zu extreme Formen an, kann man zum „Kenner vielen Handwerks und Meister von keinem" werden.

G. I. Gurdjieff, der für mich immer einer der wichtigsten Lehrer war, pflegte zu sagen, man solle seine Talent auf *einem* Lebenspfad bis zur Meisterschaft entwickeln, dann aber noch ein oder zwei andere ausüben – damit man ein umfassendes

Gleichgewicht und Ganzheit erlangt. Bei der Arbeit am Verständnis der in diesem Buch beschriebenen sechs Lebenswege bin ich zur Erkenntnis gelangt, dass viele Menschen sich mit mehr als einem Lebenspfad identifizieren und sich nach eigenem Bekunden unvollständig oder unausgeglichen fühlen, wenn sie nur einen davon verfolgen. Man sollte nicht darüber urteilen, ob sich jemand auf einen oder mehrere Wege konzentriert. Es ist die Integration unserer verschiedenen Interessen und Werte im Leben – sowohl der uns bekannten als auch der verborgenen, unbewussten und weniger entwickelten – in ein funktionstüchtiges Ganzes, die C. G. Jung als „Individuationsprozess" bezeichnete.

Wenn wir die jeweiligen Ausprägungen der Talente und Interessen in den unterschiedlichen Lebenspfaden betrachten, geht daraus als Orientierung hervor, dass man seine größten Talente zur Meisterschaft in seinem Gebiet einsetzen sollte und daneben dann seinen anderen Interessen nachgehen kann – für Ganzheit und Ausgeglichenheit.

# 1
# Der Künstler, der Geschichtenerzähler, der Dichter, der Musiker

Dies ist der Lebenspfad derjenigen, deren kreative Vision die Erfindung, Konstruktion oder Ausführung von Darstellungen in verschiedenen Medien hervorbringt, die andere inspirieren, indem sie Schönheit, Harmonie und tiefe Wahrheit ausdrücken. Aus der kreativen Spannung zwischen Tradition und Innovation entstehen verschiedene Kunstrichtungen – und vermitteln eine einzigartige neue Perspektive, die uns zum Nachdenken anregt. Der englische Bildhauer Henry Moore meinte: „Die Kunst sollte insgesamt mehr Geheimnis und Bedeutung in sich tragen, als der oberflächliche Betrachter auf die Schnelle wahrnimmt."

In den Lebensgeschichten visionärer Künstler findet sich in der Kindheit oft ein kurzer Blick auf größere Realitäten und neue Möglichkeiten für die Menschheit, der mit dem Drang zum Ausdruck dieser Vision verbunden ist. Die Initiationsvision des Künstlers kann so stark sein, dass sie zeitweise inneren Aufruhr und Chaos in ihm auslöst. Das kann bis zum legendären Wahnsinn des Genies führen, bei dem es nicht möglich ist, die kreativen Kräfte einzudämmen oder angemessen umzusetzen.

Um die Vision festzuhalten und zum Ausdruck zu bringen, muss man die künstlerische Disziplin studieren und praktizieren – das Handwerk des gewählten Mediums. Ich erinnere mich, dass der Kybernetiker und Philosoph Gregory Bateson, der zusammen mit der Anthropologin Margaret Mead die balinesische Kultur untersuchte, ein Gespräch mit einem Einheimischen erwähnte. Auf die Frage nach den Formen und Praktiken ihrer Kunst antwortete der Balinese: „Bei uns gibt es keine Kunst – wir machen alles einfach so schön wie möglich."

Dieser Lebensweg ist mit den mythischen Schöpfungsgottheiten verschiedener Kulturen verbunden, in denen die Welt das Werk eines göttlichen Schöpfers ist, vergleichbar mit dem Schöpfungsakt eines Gemäldes, einer Skulptur oder eines Dramas durch einen menschlichen Künstler. Im alten Ägypten gab es zwei Schöpfungsgötter – *Ptah* und *Khnum* – welche die beiden Phasen des kreativen Prozesses verkörperten, den mentalen Entwurf und die materielle Herstellung. Der Gott *Ptah* war Schöpfer und Erfinder der Gestalten und Formen des Lebens: die Darstellungen der Tempelgemälde zeigen ihn von Kopf bis Fuss verhüllt, einschließlich seiner Arme und Beine, mit einer eng am Schädel anliegenden blauen Kappe – Blau galt als Farbe der Weisheit. Der Gott *Khnum* schuf als Töpfer die materielle Welt mit ihren Formen, ihrer Gestalt und allem, was dazugehört: auf allen Abbildungen ist zu sehen, wie er die materielle Welt berührt und sich auf sie einlässt, indem er mit seinen Händen auf einer Töpferscheibe dargestellt wird.

Diese Symbolik versinnbildlicht uns, dass der erste Schritt eines jeden kreativen Prozesses, egal in welchem Medium, immer die kreative Idee ist. Der schöpferische Einfall ist eine mentale Funktion, die zunächst nichts mit Materie zu tun hat, obwohl man sie vielleicht mit dem Drang und dem Wunsch assoziieren kann, sich auf irgendeine Art auszudrücken. Zum eigentlichen *Aus-Druck* kommt es erst in den späteren Phasen des kreativen Prozesses, wenn es um die zielgerichtete Umsetzung geht. Der Erfinder Thomas Edison sagte es so: „Genie ist ein Prozent Inspiration und neunundneunzig Prozent Transpiration."

Die Vorrangstellung der geistig-verbalen Idee im kreativen Prozess widerspiegelt sich in der jüdisch-christlichen Schöpfungsgeschichte, wie sie die Bibel in der *Genesis* erzählt. Gott der Vater erschafft die Welt in sieben Etappen (den „Tagen") und eröffnet den Vorgang durch seine Worte „Es werde Licht". Auch im Johannesevangelium des Neuen Testaments, das Elemente gnostischer Lehren enthält, beginnt der kreative Prozess mit dem gesprochenen Wort, dem *logos*: „Am Anfang war das Wort, und das Wort war mit Gott, und das Wort war Gott."

In einigen indigenen Kulturen ist es eine weibliche Schöpfergottheit, die das Schicksalsgewebe jedes Lebewesens auf der Erde spinnt. Die Navajo berichten von einer Gottheit, die sie *Großmutter Spinne* nennen. Bei Tag spinnt sie die Fäden des Erdenlebens aus ihrem Körper und nimmt sie in der Nacht wieder zu sich zurück. Wir alle verhalten uns ähnlich, wenn wir unsere verschiedenen Wahrnehmungs- und Handlungsstränge im Laufe des Tages in die äußere, materielle Welt ausdehnen und sie in der Nacht wieder in die innere Welt der Träume zurückziehen.

Die indische Mythologie kannte eine Triade männlicher Gottheiten – *Brahma, Vishnu* und *Shiva* –, die alle eine weibliche Begleiterin hatten. Brahma war der Schöpfer/Urheber der Welt, Vishnu ihr Erhalter und Bewahrer und Shiva der Zerstörer/Transformator. Viele Geschichten rankten sich um die Aktivitäten von Vishnu und Shiva, man ließ Tempel für sie errichten und Ikonen erstellen – doch über Brahma, der mit der von ihm erschaffenen Welt nicht so verbunden zu sein schien wie seine beiden Brüder, war relativ wenig bekannt.

Im alten Griechenland gab es eine mythologische Erzählung, die von neun Musen berichtete, weiblichen Geistern der Inspiration, von denen die Substantive *Museum* und *Musik* sowie das deutsche Verb *sich amüsieren* und das englische *muse* (dt.: „sinnieren, grübeln") abgeleitet sind. Die Musen waren die Töchter des Göttervaters Zeus und der Nymphe *Mnemosyne*, deren Name „Erinnerung" (engl.: „memory") bedeutet. Dieses metaphorische Bild verdeutlicht die Tatsache, dass es unvermeidlicherweise zum Weg des Künstlers gehört, eine ganze Reihe komplexer Fähigkeiten oder ein Handwerk zu erlernen und sich ins Gedächtnis einzuprägen, normalerweise bei einem Meister in dieser Kunst.

Eine der neun traditionellen griechischen Musen war *Klio*, die Muse der Geschichtsschreibung, und eine andere *Urania*, die Muse der Astronomie. Beide Disziplinen werden in der modernen Welt nicht als Kunst oder bildende Kunst betrachtet, obwohl sie natürlich die Aneignung hochkomplexer Fähigkeiten erfordern. Von den anderen sieben Musen standen drei (*Kalliope, Erato, Polyhymnia*) für die verschiedenen Formen der Dichtung (epische, romantische und zeremonielle) und zwei weitere für die darstellenden Künste (*Melpomene* für die Tragödie und *Thalia* für die Komödie). Die beiden übrigen waren *Terpsichore*, die Muse des Tanzes, und *Euterpe*, die Muse der Musik.

Die moderne akademische Konvention umfasst eine Liste von sieben Künsten: drei davon (Architektur, Malerei, Bildhauerei) sind überwiegend visuelle Künste, zwei (Dichtung und Musik) sind vor allem mit dem Hören verbunden und zwei (Tanz und Theater) zählen als darstellende Künste. Alternativ können wir Malerei, Bildhauerei und Fotografie als visuelle Künste gruppieren; Poesie und Belletristik als Literatur oder verbale Künste; und Tanz, Theater und Film als darstellende Künste, während Musik und Architektur je eine eigene Kategorie bilden.

## Malerei, Bildhauerei und Fotografie

Seit die Jäger der Altsteinzeit ihre totemartigen Tierfiguren auf die Höhlenwände malten und neusteinzeitliche Dorfbewohner Hybridwesen, halb Mensch, halb Tier, in ihre Tongefäße ritzten, gab es Menschen, die ihre Visionen vom sie umgebenden Leben in grafischen Darstellungen zum Ausdruck brachten. In den visuellen Künsten Malerei und Zeichnung arbeitet der Künstler mit Linie, Form, Farbe und Textur auf Oberflächen aus Stein, Leinwand, Papier, Ton oder Stoff.

Der Bildhauer erschafft dreidimensionale Formen und Figuren aus Stein, Holz, Wachs oder Metall. Diese setzt der Künstler nicht aus materiellen Bestandteilen zusammen, sondern er schält etwas aus einer formlosen materiellen Matrize heraus. Das große Genie der Renaissance, Michelangelo, soll über seine erhabenen Statuen gesagt haben: „Ich befreie die Figur aus dem Marmor, der sie gefangenhält."

Wenn wir vor Bildern stehen, die auf Leinwand gemalt oder in Stein gehauen sind, reagieren wir in einer Art Resonanz mit allen Sinnen auf die Lebensessenz, die der Urheber auf wundersame und mysteriöse Weise in die materielle Form eingebettet hat. Ich erinnere mich, wie ich in einem Tempel in Karnak in Ägypten vor einer drei Meter hohen, vor über 3000 Jahren aus schwarzem Obsidian gemeißelten Statue der löwenköpfigen *Sachmet* stand und fühlte, wie Wellen elektromagnetisch-erotischer Energie meinen Körper durchströmten. Millionen von Menschen standen schon vor Leonardos Bildnis der Mona Lisa und bestaunten laut oder im Stillen ihr mysteriöses Lächeln, das ein wunderbares Geheimnis gleichzeitig wachruft und verhüllt.

Die Figuren, die in der klassischen Epoche als Statuen und Gemälde in den Tempeln dargestellt wurden, repräsentierten die mythischen Götter und Göttinnen und ihren vielfältigen Austausch mit den Menschen. Mit dem Aufkommen des Buddhismus im Osten und des späteren Christentums im Westen schufen Künstler Gemälde und Skulpturen, die archetypische Szenen aus der Lebensgeschichte der Religionsgründer darstellten. In Europa wurden nach der Renaissance im 15. und 16. Jahrhundert die mythischen Geschichten aus dem alten Rom und dem antiken Griechenland erneut bildlich dargestellt, ebenso wie Szenen des täglichen Lebens und Landschaftsdarstellungen. Porträts königlicher Herrscher sowie die Selbstporträts der Künstler ließen eine zunehmende Verfeinerung der reflektierenden Wahrnehmung und des Verständnisses erkennen.

In der modernen Zeit des 19. und 20. Jahrhunderts entwickelten sich verschiedene Stile, als Gruppen und Generationen von Malern besonders in Frankreich, aber auch in anderen europäischen Ländern, nach immer neuen Wegen suchten, ihre Eindrücke sichtbar zu machen. Die *Impressionisten* (Manet, Renoir, Monet, Degas) und die *Post-Impressionisten* (Cézanne, Gauguin, Toulouse-Lautrec, Kandinsky, Chagall, Klimt, Mucha, Matisse) wollten mit ihrer zarten Aura aus Farben und Schattierungen den unmittelbaren sinnlichen Eindruck von Figuren und Landschaften darstellen.

Eine Generation später schwang das Pendel der Stile wieder in eine andere Richtung, und die *Expressionisten* (Klee, Munch, Nolde, Rouault, Modigliani, Kokoschka, Dix) versuchten innere Gefühle und Empfindungen durch eine Bildsprache auszudrücken, die immer weniger an die genaue Darstellung von Objekten gebunden war.

Dann brachen die *Kubisten* (Braque, Picasso, Léger, Duchamp) auf spektakuläre Weise mit den Konventionen der seit der Renaissance üblichen dreidimensionalen Malerei, indem sie Formen und Figuren, die Gegenstände darstellten, mit zweidimensionalen Abstraktionen verbanden. Das überragende Genie des 20. Jahrhunderts war Pablo Picasso, dessen umfangreiches Werk aus Gemälden und Zeichnungen ein weites Spektrum erstaunlicher neuer Möglichkeiten eröffnete. Sein riesiges Gemälde *Guernica*, das nach der flächendeckenden Bombardierung der baskischen Stadt in Nordspanien durch Francos Nazi-Verbündete 1937 im spanischen Bürgerkrieg entstand, ist möglicherweise die vernichtendste Anklage der Schrecken des Krieges, die je geschaffen wurde.

Die kreative Spannung zwischen den abstrakten und den figurativen Stilen in der Malerei setzte sich das ganze 20. Jahrhundert hindurch fort. Eine weitere Generation später versuchten die von den Theorien Freuds beeinflussten *Dadaisten* und *Surrealisten* (Ernst, Miró, Magritte, Dalí) zu zeigen, wie irrationale, unbewusste Bilder in die realistische Wahrnehmung und Darstellung eindringen und sich mit ihr vermischen können. Im späten 20. Jahrhundert kam in Europa und Amerika eine neue Welle visionärer Kunst auf, die indirekt und manchmal direkt mit psychedelischen Erfahrungen in Zusammenhang stand – Künstler wie Ernst Fuchs, Mati Klarwein, Robert Venosa, Martina Hoffmann, Isaac Abrams, Alex Grey und Alison Grey zeigten mit verschiedenen Herangehensweisen, wie unbekannte Dimensionen der Realität mit dem uns Vertrauten und Figurativen zusammenprallen können oder es überlagern.

Völlig abseits dieser Bewegungen widerspiegeln Georgia O'Keefes riesige sinnliche Nahaufnahmen von vaginaähnlichen Blumen die Wüstenlandschaft von New Mexico, wo sie mit ihrem Mann, dem Fotografen Alfred Stieglitz, lebte. Eine außerordentliche Stellung in der visionären Kunst des 20. Jahrhunderts nimmt die Bay-Area-Künstlerin Susan Seddon Boulet ein, die als Kind englischer Eltern in Brasilien aufwuchs und einen speziellen Stil des inneren Portraits entwickelt hat; dabei werden schamanische Krafttiere in Verbindung mit einer menschlichen Form dargestellt, und mythische Gottheiten scheinen mit einem sanften inneren Leuchten aus dunklen Nischen hervorzutreten.

Mit der Erfindung der Fotografie entstand im frühen 20. Jahrhundert ein völlig neues künstlerisches Ausdrucksmedium, das es ermöglichte, beinahe sofort ein visuelles Abbild zu schaffen – sei es eine Landschaft, eine dramatische Szene oder das Porträt eines Menschen. Manche Fotografen üben ihr Handwerk aus rein ästhetischen Gründen aus und sind zur Sicherung ihrer Existenz auf den Kunstmarkt angewiesen. Ein Beispiel dafür ist Ansel Adams, der mit seinen wunderbaren Schwarzweiß-Fotografien westlicher Landschaften die rasch wachsende Bewegung für den Schutz unberührter Landschaften unterstützt. Andere haben ihr fotografisches Können im Journalismus eingesetzt. Ich denke hier an den großen französischen Fotografen des vordigitalen Zeitalters, Henri Cartier-Bresson, der für seine journalistischen Aufträge um die Welt reiste und folgenschwere politische Ereignisse festhielt; ebenso war er aber auch ein zurückhaltender Beobachter, der die unerwarteten Glücksmomente des Alltags fotografierte.

Zu Beginn des 21. Jahrhunderts hat die Gestaltung visueller Bilder und Tonaufnahmen durch die digitalen und elektronischen Technologien eine weitere Stufe der Perfektionierung erreicht, die mit einer einfachen Handhabung und einer mühelosen Produktion und Reproduktion einhergeht. Dadurch entsteht eine enorme Demokratisierung der Fotografie und des Films als Kunstform, was sie für einen viel größeren Teil der Bevölkerung zugänglich macht.

## Die epische Poesie der Antike und des Mittelalters

Die Dichter der Heldensagen, deren Inspiration die Muse *Kalliope* war, gelten als die ersten Geschichtenerzähler, die wir heute Historiker nennen würden. Lange vor der Erfindung der Schrift wurden die Gründungsmythen einer Kultur mündlich überliefert, in Versen und Liedern. Die Ältesten eines Volkes oder eines Stammes erzählten der jüngeren Generation poetische Geschichten, um ihr eine moralische und praktische Weltanschauung zu vermitteln, die auf einem historischen Verständnis des Ursprungs ihrer Welt und ihres Volkes beruhte.

Die keltischen Barden bewahrten das gesamte Wissen ihrer Kultur und konnten sich Zehntausende von Verszeilen auswendig merken. Es verwundert nicht, dass die Griechen die Erinnerung (*Mnemosyne*) als die Mutter aller Musen betrachteten. Die Zeilen eines Gedichts kann man sich einfacher merken als Prosazeilen – möglicherweise deshalb, weil durch die rhythmischen Kadenzen der Verse neben der linken Gehirnhälfte, in der sich das Sprachzentrum befindet, zusätzlich auch die rechte Gehirnhälfte aktiviert wird.

Nur einige Jahrhunderte später wurden diese Heldengedichte vermutlich bereits auf Pergament geschrieben oder in Stein gemeißelt. Wir wissen nicht, wer das älteste antike Heldengedicht verfasst hat – das sumerische Gilgamesch-Epos, das in Keilschriftzeichen vor etwa 5000 Jahren in Steintafeln geritzt wurde. Einige zeitgenössische Autoren wie Zachariah Sitchin, ein profunder Kenner der altmesopotamischen Sprachen, behaupten, dass diese sogenannten antiken Mythen eigentlich Geschichten sind. Sie geben diffuse Erinnerungen an eine Zeit wieder, die Zehntausende von Jahren zurückliegt, als die sogenannten „Unsterblichen" unter den Menschen weilten. Sie waren die langlebigen außerirdischen Kolonisatoren, die hybridhumanoide Stammeslinien (in alten biblischen Texten als „der Adam" bezeichnet) auf dem Planeten Erde ansiedelten und die ersten Zivilisationen gründeten, bevor sie viele Zeitalter später infolge einer Naturkatastrophe die Erde verließen.

Der blinde Homer berichtete in seinen beiden Epen *Ilias* und *Odyssee*, die im 8. Jahrhundert vor Christus niedergeschrieben wurden, wahrscheinlich aber aus viel früherer Zeit stammen, über den Angriffskrieg der Griechen auf die reiche Stadt Troja sowie über die anschließenden Irrfahrten des schlauen Kriegers Odysseus. Homer rief in seiner Erzählung stets die Muse an: „Sing uns, oh Muse, von den gefährlichen Seefahrten des edlen Kriegers über das Meer, so dunkel wie Wein." Auch in seinen Geschichten ging es oft um Begegnungen, Bündnisse und Dispute, nicht nur unter Menschen, sondern auch unter Beteiligung von „Unsterblichen", die sich auf unterschiedlichste Weise als Helfer oder Unterstützer ins Geschehen einmischten. Odysseus zum Beispiel wurde auf seiner Suche vor allem von der feinsinnigen und empfindsamen Göttin Athene geleitet und beraten.

Etwa um das 8. oder 9. Jahrhundert der christlichen Ära verfassten anonyme Dichter, die in Skandinavien und Island lebten und *Skalden* genannt wurden, die nordische Epen der *Edda*. Sie berichteten von den Taten und den Göttern und Göttinnen, von Riesen, Zwergen, Elfen und Trollen. Sie erzählten von verschiedenen übermenschlichen Monstern und den Kriegern, die gegen sie kämpften, um die menschlichen Gemeinschaften zu schützen. Sie sprachen von den Visionen der hellsichtigen *Völvas* (Seherinnen), die in die tiefen Ursprünge unserer evolutionären Vergangenheit auf dem Planeten Erde blicken konnten und berichteten über ihre prophetischen Visionen der *Ragnarök* – der Zerstörung unserer planetaren physischen Umgebung und des menschlichen sozialen Umfelds –, Visionen, die sich in unserer Zeit zu bewahrheiten scheinen.

Die Heldengedichte der Antike beschrieben die Taten und Worte von Männern und Frauen im Krieg und in der Liebe – und vermittelten einprägsam Tugenden wie Heldenhaftigkeit, Loyalität, Ehrlichkeit, Familiensinn, den Respekt vor der Natur, die Magie der verborgenen Mächte und die Verehrung der unsterblichen Schöpfergötter. Die Handlungen und Aussagen der Götter und Göttinnen wurden so selbstverständlich beschrieben wie jene der Menschen. Später verbannten die Historiker all diese Götter- und Göttinnensagen in das Reich der Mythen und Fabeln und klassifizierten sie als Erfindungen oder Metaphern statt als wahre Begebenheiten. Diese mythischen Geschichten sind jedoch auch der Ausdruck einer tieferen Ebene des Verstehens unserer menschlichen Existenz auf dem Planeten Erde, die von den rein materiellen Wissenschaften nicht erreicht wird. In Epilog I werde ich näher darauf eingehen.

### Mittelalterliche Troubadoure und mystische Dichter

Manche behaupten, zuerst seien die Sänger dagewesen und anschließend die Dichter, und die Sänger hätten ihre Melodien gefunden, indem sie dem Gesang der Vögel lauschten. Reim und Rhythmus der Poesie, ob mit oder ohne Liedmelodie, ermöglichen die direkte, sympathische Verbindung von Herz zu Herz zwischen dem rezitierenden Dichter und der lauschenden Zuhörerschaft. Verglichen mit dem Geschichtenerzähler wählt der Dichter die Worte sowohl nach ihrem Klang als auch nach ihrer Bedeutung. Wenn sie von den Konventionen der erzählerischen und erklärenden Logik befreit sind, können sowohl Klang als auch Bedeutung der dichterischen Worte Wellen damit verbundener emotionaler Erinnerungen auslösen.

Im 11. und 12. Jahrhundert kam es in Europa zu einer großen kulturellen Blüte, die auf das tausendjährige dunkle Zeitalter der Barbarei und der Kriege folgte, in der nur die christlichen Mönchsorden eine strenge, aber dennoch humane Kultur bewahrt hatten. Esoterische Historiker wie Rudolf Steiner vertraten die Ansicht, dass diese Blüte auf den zunehmenden Einfluss göttlicher Mutterenergie zurückzuführen war, durch die weibliche Werte wie Heilung, Fürsorge, Frieden und Schönheit gefördert wurden.

In derselben Zeit begannen die Maurergilden und Buntglaskünstler mit dem Bau der großen gotischen Kathedralen, die der christlichen Gottesmutter Maria gewidmet waren, wie Notre Dame in Paris und Chartres. *Troubadoure* und *Minnesänger* zogen durch die Länder und besangen die Schönheit der Frauen, den Edelmut und die Tapferkeit der Ritter und die Verzückungen der irdischen Liebe sowie die spirituelle Hingabe.

Die Sehnsucht des einzelnen Suchenden nach Verbindung mit diesem göttlichen Weiblichen wurde durch die Suche nach einem mysteriösen Heiligen Gral symbolisiert, einem magischen Silberkelch, dem man segensreiche Kräfte nachsagte, die für Heilung und spirituelle Nahrung sorgten. Auf ihrer Suche zogen die Gralsritter, die dem Hof des legendären Königs Artus in Britannien angehörten, sowie die Ritter der französischen und deutschen Königshöfe durch wüste, karge Einöden und kämpften gegen wilde und feindlich gesinnte Krieger, böse Zauberer, Hexen und schreckliche Ungeheuer. Sie hatten das Gelübde abgelegt, sich stets für den Schutz unschuldiger Menschenleben, vor allem der Frauen und Kinder, einzusetzen und ihren Lehensherren sowie der Bruderschaft der Krieger ewige Treue zu wahren.

Während die beiden *Eddas* die letzten Epen der heidnischen Zeit sind, ist das aus dem 12. Jahrhundert stammende Gedicht *Parsifal* von Wolfram von Eschenbach das erste Epos der neuen christlichen Ära. Diese herausragende dichterische Erzählung berichtet von den Abenteuern des *Parsifal*, eines edlen Ritters, der sich auf die Suche nach dem Heiligen Gral begab. Der Gral symbolisierte die barmherzige Essenz der göttlichen Liebe und Inspiration, die Wunden heilte und das Leid der weltlichen Existenz erleichterte.

In jenem außergewöhnlichen 12. Jahrhundert entsagte Franz von Assisi dem Wohlstand seiner Familie und gründete einen Orden wandernder Mönche, welche die Armen heilten, ihnen predigten und ihnen halfen. Der heilige Franziskus und seine Anhänger unterstützten nicht nur Männer und Frauen, sondern hegten und pflegten auch Tiere und Pflanzen – er wurde sowohl der erste Schutzpatron der Ökologiebewegung als auch der meiner Wahlheimat San Francisco. Gegen Ende seines Lebens schrieb Franziskus seinen wundervollen Sonnengesang; darin preist er Sonne und Mond, Wind und Wasser, Feuer und „Schwester Mutter Erde, die uns nährt und erhält". Ich werde auf die Troubadoure und die Ritterschaft in Epilog II noch näher eingehen.

## Die romantische Bewegung

Das späte 18. und das frühe 19. Jahrhundert waren geprägt von Revolutionen – der Französischen, der Amerikanischen, der Industriellen Revolution: gewaltsame politische Umbrüche, die zu einer radikalen Veränderung der Gesellschaft führten. Dichter, Künstler, Romanschriftsteller, Philosophen und Musiker waren auf der Suche nach einer neuen Ästhetik – sie wollten die Kälte der rationalistischen, mechanistischen Weltanschauung sowie den dramatischen Prunk und die komplexe Ornamentik des Barockstils überwinden.

Nun standen Gefühle und innere Bilder an erster Stelle und erhielten Wertschätzung. Die rein analytische Betrachtungsweise der Natur stieß auf Ablehnung, so zum Beispiel vom visionären Dichter und Maler William Blake, der zu bedenken gab: „Möge Gott uns vor dem Tunnelblick und Newtons Schlaf schützen!" Künstler aller Richtungen übernahmen diesen Ansatz und entwickelten eine kontemplative Herangehensweise, indem sie sich von den allzu pathetischen mythologischen Projektionen des Barock abwandten. „Folglich vergaßen die Menschen, dass alle Götter in ihrem Innersten wohnen", wie William Blake in seinem visionären Prosagedicht *Die Hochzeit von Himmel und Hölle* schrieb.

Jean-Jacques Rousseaus autobiographische *Bekenntnisse* sowie seine *Träumereien des einsamen Spaziergängers* sind Beispiele dieser romantischen Bewegung, die manchmal auch als Zeitalter der Empfindsamkeit bezeichnet wird. Der deutsche Dichter und Dramatiker Goethe brachte das Motiv des jugendlichen „Sturm und Drang" in *Die Leiden des jungen Werthers* zum Ausdruck und löste damit in Deutschland eine Suizidwelle unter jungen Menschen aus.

Später schrieb Goethe sein berühmtes Drama *Faust* über den Zauberlehrling, der seine Seele an den Teufel verkauft. „Zwei Seelen wohnen, ach! in meiner Brust / Die eine will sich von der andern trennen (...)" Ich habe an anderer Stelle über diese Vorstellung von zwei Seelen oder Selbsten in jedem von uns geschrieben.

> Das Drama von Faust, der stets ruhelos nach Wissen und Macht strebt, scheint einer der mythischen Schlüssel zur europäischen Psyche zu sein. ... Man könnte sagen, dass es im Verlauf der gesamten Geschichte des westlichen

Denkens das Konzept der zwei Persönlichkeiten gab – das natürliche Selbst, mit seinen erdgebundenen organischen und nach unter gerichteten Tendenzen und das spirituelle oder geistige Selbst, mit seinen ätherischen und nach oben gerichteten Tendenzen. (*Das Mystische Grün*, S. 137).

Zu den Dichtern der romantischen Bewegung gehörten in Deutschland außerdem Schiller, Hölderlin und Novalis sowie Wordsworth, Coleridge, Keats, Byron und Shelley in England. In der Musik traten an die Stelle der eleganten klassischen Formalismen von Bach, Mozart, Haydn und anderen die revolutionäre Glut eines Beethoven und die versonnene, lyrische Spiritualität von Schubert, Schumann, Brahms, Chopin und ihren Zeitgenossen.

Jane Austen und die Schwestern Charlotte und Emily Brontë verfassten romantische Romane, in denen sie auf elegante Weise das Leben und die Sorgen der Frauen in einer sozial hochgegliederten Gesellschaft beschrieben, die ihnen nur begrenzte Möglichkeiten zur Entwicklung ihrer Persönlichkeit bot. Übernatürliche und sogenannte „gotische" Elemente waren nun ebenfalls akzeptiert und wurden sogar kultiviert wie in Mary Shelleys *Frankenstein* und in etlichen Geschichten von Edgar Allan Poe.

Im Französischen und im Deutschen verweist das Wort „Roman" auf den Bezug zur romantischen Bewegung. Die romantischen Dichter und Romanautoren gingen auf extreme Gefühle und intime, subjektive Gemütszustände ein und machten sie zum Thema. Ich erinnere mich lebhaft an meinen „Erkenntnisschock" als Teenager, der bis dahin nur Abenteuergeschichten kannte, als ich zum ersten Mal einen Roman las, der die innersten Gefühle und Bilder schilderte, die eine Figur erlebte, und nicht bloß ihre äußeren Worte und Handlungen.

Doch die Kunst der großen Romanciers stellte auch eine Antwort auf die sozialen Bedingungen und Umbrüche ihrer Zeit dar. Honoré de Balzac soll sich beim Schreiben an seinem Opus magnum *La Comédie Humaine (Die menschliche Komödie)* so stark mit dem Pathos seiner Charaktere identifiziert haben, dass er vor lauter Mitgefühl über ihre imaginären Leiden zu weinen begann. Charles Dickens schrieb in *A Tale of Two Cities (Eine Geschichte aus zwei Städten)* ebenso wie Victor

Hugo in *Les Misérables (Die Elenden)* voll leidenschaftlicher Überzeugungskraft über die Mühen der arbeitenden Klasse, über Familien, die in erbärmlicher Armut und Verfall lebten, ausgebeutet von der Oberschicht, verschuldet und eingekerkert, während um sie herum Kriege und Revolutionen tobten. In unserer Zeit bewegen diese zeitlosen Themen noch immer als Musicals, Opern oder Filme das Publikum.

### Moderne Geschichtenerzähler

In der europäischen Literatur verzeichnete das späte 19. und frühe 20. Jahrhundert kulturelle Höhepunkte in der Prosa. In England gab es den unvergleichlichen James Joyce, der in *Ulysses* und *Finnegans Wake* linguistische Bedeutungskonventionen brach; D. H. Lawrence, der die viktorianische Prüderie durch seine Lobpreisung sinnlicher Erotik in *Lady Chatterley* erschütterte; Virginia Woolf; E. M. Forster; H. G. Wells, der als „Vater der Science Fiction" bezeichnet wird; George Orwell mit *1984* und Aldous Huxley, der mit *Schöne neue Welt* vor den Alpträumen der totalitären Kontrolle warnte. Später schrieb Aldous Huxley seinen utopischen Roman *Eiland*, in dem er die Vision einer Kultur entwarf, die durch spirituelle Entwicklungspraktiken und die Anwendung von Moksha-Medizin geprägt war – ein eindeutiger Verweis auf seine eigenen Erfahrungen mit Entheogenen.

William Golding befasste sich in *Herr der Fliegen* mit den Wurzeln und dem allgegenwärtigen Potenzial atavistischer Gewaltausbrüche. Lawrence Durrell, der einer britischen Kolonistenfamilie in Indien entstammte, verwendete seine multikulturellen Erfahrungen als Grundlage für seine wundersamen Erzählungen im *Alexandria Quartett.* C. S. Lewis und J. R. R. Tolkien ließen sich von der Welt der mittelalterlichen angelsächischen Mythen und der volkstümlichen Welt der Zauberer, Elfen und Zwerge inspirieren. Tolkiens Trilogie *Herr der Ringe* begeistert und entzückt das Publikum weiterhin als Kinofilm.

In Frankreich gab es – neben Hugo und Balzac – Stendhal, Gustave Flaubert, Jules Verne, Emile Zola, André Gide und Marcel Proust mit seinem mehrbandigen Werk *Auf der Suche nach der verlorenen Zeit*, einem Exerzitium im Wiederfinden der Erinnerung. Im 20. Jahrhundert brachte der Philosoph und Romancier Jean-Paul Sartre in seinem Roman *Der Ekel* sowie in seinem Bühnenstück *Huis clos (Geschlossene Gesellschaft)* und in seinem philosophischen Hauptwerk *Das Sein und das Nichts* seine existenzialistische Abwehrhaltung gegen eine in Konformität versunkene Gesellschaft zum Ausdruck. Sein Freund Albert Camus schrieb, obwohl er sich nicht als „Existenzialist" empfand, in seiner Erzählung *Der Fremde* über die existenzialistische Entfremdung. Beide Schriftsteller, ebenso wie Sartres Lebensgefährtin, die Feministin Simone de Beauvoir, waren stark vom Marxismus beeinflusst und setzten sich leidenschaftlich, aber dennoch kritisch für politische Belange ein.

Sartre gestand, dass er in früheren Zeiten seines Lebens, während er unter einer Depression gelitten hatte, einmal mit Meskalin experimentiert hatte und seitdem immer wieder „Krabben" und „Hummer" halluzinierte, die ihn überallhin begleiteten. Mit der Zeit begann er, sie als Freunde oder Haustiere anzusehen, und behauptete, dass sie sich nur zurückgezogen hätten, während er an seinem Stück *Huis Clos* arbeitete, das von drei Personen handelt, die in einem tür- und fensterlosen Raum eingeschlossen und dadurch gezwungen sind, sich mit „der Hölle der Anderen" auseinanderzusetzen. Sartres Biographen bemerkten außerdem, dass er widerwärtige Hygienegewohnheiten hatte, da er solche Dinge anscheinend als nicht würdig genug erachtete, um sich als Philosoph damit abzugeben. Vielen Sartre-Lesern und Literaturkritikern ist möglicherweise nicht bewusst, dass es sich bei Isolationserfahrungen in ekelerregender Umgebung um klassische psychedelische Höllenvisionen handelt.

Die Literatur des 20. Jahrhunderts in Deutschland wurde durch den meisterhaften Thomas Mann beherrscht, der in detailreichen Beschreibungen auf die Feinheiten des Gefühlslebens repressiver bürgerlicher Familien einging und in seinem vierbändigen Meisterwerk *Joseph und seine Brüder* das alte Ägypten und Israel wieder aufleben ließ; der tschechisch-jüdisch-deutsche Meister Franz Kafka, dessen Name aufgrund seiner Geschichten über Menschen, die in einer insektoiden, bürokratischen Welt gefangen sind, zum Synonym der Entmenschlichung wurde; Günter Grass sowie Hermann Hesse, dessen zutiefst philosophische, spirituelle Romane *Die Morgenlandfahrt, Siddhartha, Steppenwolf* und *Das Glasperlenspiel* eine Generation von psychedelischen Suchern inspirierte, zu denen auch Timothy Leary und ich selbst in den 1960ern gehörten. Eine herausragende Figur der deutschen Literatur des 20. Jahrhunderts ist der Dichter und Dramaturg Bertolt Brecht. Seine Schriften und die Inszenierungen seiner Bühnenstücke wie *Mutter Courage und ihre Kinder* sowie *Die Dreigroschenoper* (die in Zusammenarbeit mit dem Musiker Kurt Weill entstand) bestimmten die radikal engagierten Ansätze der wichtigsten deutschen Schriftsteller der Zeit zwischen den beiden Weltkriegen.

Zwei der einflussreichsten Meister der modernen Prosa traten in Russland in Erscheinung – Leo Tolstoi, mit seinen mitreißenden Porträts einer Kultur und eines Staates am Scheideweg in das Zeitalter der Moderne, *Krieg und Frieden* und *Anna Karenina*; und Fjodor Dostojewski mit seinen tiefgründigen Betrachtungen der von Kriminalität und Wahnsinn regierten düsteren Unterwelt in *Verbrechen und Strafe, Der Idiot* und *Die Brüder Karamasow*. Andere Meister des Erzählens waren Nikolai Gogol, Iwan Turgenjew und der Bühnenautor Anton Tschechow im 19. Jahrhundert sowie Boris Pasternak im 20. Jahrhundert, der in *Doktor Schiwago* eine leidenschaftlich-romantische Liebesgeschichte vor dem schreckenerregenden Hintergrund der Russischen Revolution schilderte.

In den Vereinigten Staaten ergründete Herman Melville in *Moby Dick* die Tiefen der Ängste und der Ehrfurcht des modernen Menschen vor der unermesslichen Macht der wilden animalischen Natur; Mark Twain erschuf in *Die Abenteuer von Tom Sawyer und Huckleberry Finn* den Archetypus des amerikanischen Abenteurers auf der Suche nach Grenzüberschreitungen. Die Gebrüder James trugen beide maßgeblich zur Bereicherung der amerikanischen Literatur und Philosophie bei – der Romanautor Henry James mit seinen ausgefeilten Beschreibungen des Innenlebens seiner Charaktere und der Psychologe William James als Pionier der Forschung zu religiösen Erfahrungen und paranormalen Bewusstseinszuständen. Jack London, ein bekannter und erfolgreicher amerikanischer Schriftsteller des späten 19. und frühen 20. Jahrhunderts, besaß die erstaunliche Fähigkeit, sich in die subjektive Erfahrung von Tieren hineinzuversetzen – *Wolfsblut* wird aus der Perspektive eines Wolfes erzählt, der sich in die menschliche Zivilisation begibt, *Ruf der Wildnis* aus der Perspektive eines Huskys mit Wolfsblut, der den Ruf der ihm angeborenen Wildheit in sich fühlt. London schrieb sogar eine Erzählung – *Vor Adams Zeiten* – über die innere Erfahrung einer Gruppe von hominiden Primaten, die gerade von den Bäumen auf die Erde herabgestiegen waren. Er engagierte sich außerdem stark für die Anliegen der Arbeiterklasse und war bekennender Sozialist.

Zu den Schriftstellern des 20. Jahrhunderts, deren Werke ich bewundere, gehören F. Scott Fitzgerald, der den dekadenten Lebensstil des „Jazz-Zeitalters" der 1920er Jahre in *Der große Gatsby* beschrieb; William Faulkner, dessen Romane wie *Schall und Wahn* die morbiden Sitten und Werte des amerikanischen Südens auf komplexe und subtile Weise schildern; Ernest Hemingway, der seine Erfahrungen als Journalist im spanischen Bürgerkrieg und im Zweiten Weltkrieg in Europa in seine Romane *In einem andern Land* und *Wem die Stunde schlägt* einfließen ließ; John Steinbeck, der in *Früchte des Zorns* und *Von Mäusen und Menschen* lebhaft schilderte, wie die Staubstürme im Westen der USA zur Zeit der grossen Depression Familien durch Verarmung ins Elend und ins Exil trieben; William Styron mit *Die Bekenntnisse des Nat Turner*, der fiktiven Autobiographie eines militanten rebellischen Sklaven, und dem tiefbewegenden Roman *Sophies Entscheidung* – über eine polnische katholische Auschwitz-Überlebende und ihre Beziehung mit ihrem verstörten jüdischen Geliebten; Jack Kerouac, dessen Roman *Unterwegs*, eine vom Jazz inspirierte, alkoholdurchtränkte „Stream-of-consciousness"-Erzählung, zur prägenden Geschichte der 1950er „Beat"-Generation wurde (ein Ausdruck, der auf Kerouac zurückging, später jedoch wieder fallengelassen wurde); und Ken Kesey, der als Freiwilliger an LSD-Studien in Stanford teilgenommen hatte, woraus sein Werk *Einer flog über das Kuckucksnest* hervorging, eine mitreißende Geschichte über Insassen einer psychiatrischen Anstalt, die aus der rigiden, seelenzerstörenden Konformität ausbrechen und in die Freiheit entkommen wollen.

Nach den kulturellen Umwälzungen der 1960er Jahre, die den tief verwurzelten Ungleichheiten in Bezug auf Geschlecht und Rasse den Kampf angesagt oder sie sogar eliminiert hatten, haben die afroamerikanischen Schriftstellerinnen nachhaltig zur neu entstehenden multikulturellen Vielfalt beigetragen. Herausragende Beispiele sind Toni Morrison mit *Menschenkind* und anderen Werken, und Alice Walker, die Autorin des Romans *Die Farbe Lila,* die sich ebenfalls als politische Aktivistin in Rassen- und Geschlechterfragen einsetzt, unter anderem beeinflusst durch ihren College-Lehrer, den Historiker und Aktivisten Howard Zinn, der den zutiefst befreienden Bestseller *Geschichte des amerikanischen Volkes* schrieb.

Ich lade die Leser ein, zu überlegen, auf welche Weise ihre Lieblingsautoren, die Erzähler und Romanschriftsteller, deren Werke sie in jungen Jahren besonders gern gelesen haben, ihrer Weltanschauung und ihrer Sensibilität für zwischenmenschliche Beziehungen Ausdruck verliehen und sie zugleich geformt haben. In der Einleitung habe ich Michael Meade erwähnt, einen Meistererzähler unserer Zeit, der seine Geschichten mit Trommelbegleitung vorträgt. Von ihm und vom Mythologen Joseph Campbell, dem Dichter Robert Bly und der befreundeten baskischen Volkskundlerin Angeles Arrien habe ich viel darüber gelernt, wie wichtig das Hören und Erzählen von Geschichten für unser psychisches Wachstum und unsere Entwicklung zur Ganzheit ist.

### Die Dichtung des 20. Jahrhunderts

Beeinflusst von der Romantik verband der irische Dichter William Butler Yeats im frühen 20. Jahrhundert Motive aus irisch-keltischen Mythen mit einer visionären Spiritualität. Yeats befasste sich intensiv mit esoterischen Studien und kommunizierte durch seine medial begabte Frau George mit Geistern. Aus der ungewöhnlichen Zusammenarbeit dieses Paars entstand ein komplexes, esoterisches Divinationssystem, das auf der Bedeutung der zwanzig Mondphasen beruhte. Yeats beschrieb dieses Divinationssystem in *A Vision*, das er selbst als sein „Buch der Bücher" empfand.

Die beseelte Intimität der Poesie Rainer Maria Rilkes, vor allem in den *Sonetten an Orpheus* und den *Duineser Elegien*, wurde den englischsprachigen Lesern zugänglich durch die kunstvollen Übersetzungen von Robert Bly und anderen. Rilke schrieb die ersten fünfundzwanzig Sonette in einer einzigen Offenbarung von Inspiration innerhalb von drei Tagen nieder, ohne irgendetwas zu verändern, wobei jedes Sonett einen perfekten Aufbau und Rhythmus aufweist.

Bertolt Brecht wurde in Deutschland nicht nur als Bühnendichter, sondern auch als Lyriker bekannt. Ich habe sein Gedicht *An die Nachgeborenen* zusammen mit meiner englischen Übersetzung *To Those Born After Us* in *Eye of the Seeress – Voice of the Poet (Auge der Seherin – Stimme des Dichters)* nachdrucken lassen. Ich schätze dieses Gedicht vor allem deshalb, weil es das Leben in Zeiten des Krieges und des Faschismus so stoisch und dennoch mit Empathie betrachtet.

Durch die Werke dieser und anderer Schriftsteller des 20. Jahrhunderts gewannen Themen wie eine gesteigerte spirituelle Subjektivität sowie eine mystische

Verbindung mit der Natur wieder an Bedeutung. Obwohl jeder natürlich seine persönlichen Favoriten hat, habe ich unter den zeitgenössischen englischsprachigen Schriftstellern besonders T. S. Eliot, D.H. Lawrence, Robinson Jeffers, Dylan Thomas, Allen Ginsberg, Wendell Berry, Gary Snyder und David Whyte zu schätzen gelernt.

Keine Kulturgeschichte der 1960er Jahre kommt ohne Bob Dylan aus, den unübertroffenen amerikanischen Songwriter und Sänger des späten 20. Jahrhunderts. Seine zum Teil durch politisch engagierte Sänger wie Woody Guthrie und Pete Seeger inspirierten Lieder „The Times They Are a-Changin" und „Blowin' in the Wind" wurden zu Hymnen der Alternativkultur. Im Verlauf seiner Karriere hat er eine ganze Reihe von Musiktraditionen wie Folk (amerikanischen, irischen, schottischen, englischen) Blues, Country, Gospel, Rock and Roll und Jazz erkundet und dazu beigetragen – 2008 gewann er sogar einen besonderen Pulitzer-Preis für seine „lyrischen Kompositionen von außerordentlicher dichterischer Kraft".

### Die darstellenden Künste – Tanz, Theater, Oper und Film

Der Tanz als Kunstform gehört zu dem Gebiet der Muse, die bei den Griechen *Terpsichore* hieß. Als Ausdrucksmedium dient dem Bewegungskünstler sein eigener Körper. Manchmal kommt es vor, dass sich der Weg des Tänzers in einigen Punkten mit dem Weg des Kriegers und des Kampfkünstlers überschneidet – wobei die Kriegswaffen neutralisiert sind und die Bewegungen des Tänzers den Kampf eher simulieren, als dass sie tatsächliche Kampfbewegungen sind. Im antiken chinesischen Tanztheater, das als *Shen* (das Göttliche, Erhabene) *Yun* (Tanz, Anmut, Stil) bekannt ist, führten große Gruppen von Tänzern synchronisierte Bewegungen und Schritte aus, die wir heute teilweise als Kampfkunstfiguren, Gymnastik und Akrobatik bezeichnen würden.

In der westlichen Tradition des Balletts werden hoch entwickelte Tanzbewegungen mit Musik choreographiert und in die Darbietung einer dramatischen Geschichte eingebettet. In den klassischen und romantischen Opern sowie den Musicals der modernen Zeit ist die theatralische Inszenierung einer tragischen oder komischen dramatischen Geschichte mit musikalischen Darbietungen von Solosängern und Chören verwoben.

Die Disziplin des Tänzers als Körperbewegungskünstler erfordert die Entwicklung ausgesprochener körperlicher Kraft, Kontrolle und Flexibilität. Ähnliche Körpertechniken sind auch erforderlich beim Üben und Ausführen von Bewegungsformen, die wir eher im Bereich des athletischen Sports, wie Gymnastik und Eiskunstlauf, ansiedeln. Auch in den fließenden Übergängen zwischen künstlerischer Darbietung und Sport können wir die spezialisierten Bewegungskünste der Akrobaten, Seiltänzer und Schlangenmenschen feststellen.

Obwohl es in der antiken griechischen Auffassung keine eigene Muse der Musik gab, stellt der Tanz immer eine Verbindung zwischen der Musik und den Bewegungen der Tänzer dar – dies lässt sich auch daran erkennen, dass die Muse *Terpsichore* traditionell mit einer Lyra im Arm dargestellt ist. Wir könnten also den Tanz als Musik bezeichnen, die auf dem Instrument des menschlichen Körpers gespielt wird, mit Bewegungen, Haltungen, Gesten und dem Gesichtsausdruck, jedoch ohne die Stimme.

In künstlerischen Darstellungen tragen die theatralischen Musen *Melpomene* und *Thalia* stets die Masken der Tragödie beziehungsweise der Komödie. Die Maske – lateinisch: *persona* – wurde in der modernen Sprache der Psychologie zum Fachbegriff für die nach außen gezeigte Persönlichkeit, das Gesicht, das wir der Welt darbieten, die Rolle, die wir in zwischenmenschlichen Beziehungen und Gruppenaktivitäten spielen.

Die Namen der Charaktere der antiken griechischen Tragödien, wie *Ödipus* und *Elektra* oder *Agamemnon* und *Klytämnestra*, wurden zum Sinnbild tragischer Dramen wie Eifersucht, Rivalität, Täuschung und sogar Mord, die alle bis heute immer noch viel zu oft in familiären Situationen ausgetragen werden. Manche glauben, dass die anhaltende Attraktivität von Tragödien im Theater, in der Oper oder im Film darauf zurückzuführen sei, dass sie den Zuschauern Gelegenheit zur Katharsis bieten – indem sie ihnen die gefahrlose Teilnahme an heftigen Trieb- und Gefühlsexzessen ermöglichen.

„Alle Tragödien enden mit dem Tod, alle Komödien enden mit einer Heirat", schrieb der Schriftsteller Lord Byron. Die Zeilen deuten darauf hin, dass tragische und komödiantische Elemente möglicherweise potenziell in allen Lebensgeschichten vorhanden sind und der Unterschied nur darin liegt, wie die Geschichte präsentiert wird und wie sie endet – „Ende gut, alles gut". Bei Shakespeare, der offensichtlich medial durch eine Gruppe von Geistern dramatischer Geschichtenerzähler inspiriert war, treten in den Tragödien tatsächlich häufig einige komödiantische Elemente auf, einige komische Befreiungen; und in den Komödien finden sich Situationen, die ein starkes tragisches Potenzial in sich tragen.

In seinem bemerkenswerten Buch *The Comedy of Survival* („Die Komödie des Überlebens") meint der Ökologe Joseph Meeker, es sei höchste Zeit, dass wir die tragische Sicht auf das Leben – mit dem Fokus auf die Handlungen einzelner Helden und Heldinnen, die sich unbeugsam einem übermächtigen Schicksal widersetzen und am Ende geschlagen sind und sterben – aufgeben. „Die tragische Form wirkt sich auf unsere Moral aus und führt dazu, dass wir gewillt sind, für ein abstraktes Prinzip zu arbeiten, uns dafür aufzuopfern, ja sogar dafür zu sterben." Doch die globale ökologische Katastrophe, auf die wir zusteuern, hat längst den Punkt überschritten, an dem es um heldenhafte Taten von Einzelpersonen geht, und wir sollten in unruhigen Zeiten wie der unseren die Komödie als theatralische Form bevorzugen: „Die Komödie ist keine Philosophie der Verzweiflung oder des Pessimismus, sondern sie erlaubt den Menschen, mit gesundem und klarem Blick zu reagieren, trotz all dem Elend, mit dem die Welt uns konfrontiert."

Am Schluss seines Buches geht Meeker auf Dantes *Göttliche Komödie* ein, die vordergründig zwar eine poetische Abhandlung über die mittelalterliche katholische Theologie ist, die man aber auch als eine überaus umfassende und großzügige Vision des menschlichen Lebens auf der Erde deuten kann. Das *Inferno* ist in Dantes Vision ein Ort der ökologischen Katastrophe – voller giftiger Gase, verseuchter Gewässer und Menschen, die in schmutzigen und qualvollen Zuständen des Elends und der Erniedrigung gefangen sind. Das *Purgatorium* ist der Ort des Lernens, wo die Seelen entdecken, dass es mehr gibt auf der Welt als ihre private Hölle und wo sie damit beginnen können, die Gründe ihrer Unzufriedenheit zu verstehen und sich selbst aus diesen Umständen zu befreien. Dantes *Paradies* ist ein Zustand des erweiterten Bewusstseins, in dem sich die menschliche Seele als

Teil der harmonischen Entfaltung der facettenreichen Schöpfungsvorgänge erfährt und versteht und wo der Pilger seinem geliebten Seelenpartner begegnet.

### Die Musik

Obwohl die Musik in der griechischen Mythologie keine eigene Position unter den klassischen neun Musen einnimmt, verdient sie in mehrfacher Hinsicht einen Ehrenplatz unter den Künsten. Sie ist wahrscheinlich die älteste und erste Form der Kommunikation, sofern es stimmt, dass wir Menschen das Singen tatsächlich von den Vögeln gelernt haben, das Heulen von den Wölfen und das Plappern und Sprechen von den Affen. Die Kwakiutl, eine der indigenen Kulturen im nordwestlichen Pazifik, kennen die Tradition des *Liederfängers*, bei der ein einzelner Dichter oder Geschichtenerzähler alleine in die Wälder geht, um den Gesängen der Vögel zu lauschen – bis er oder sie ein eingängiges Motiv oder eine Melodie erkennt, die später als Gesang mit einer Geschichte verknüpft werden kann. Bei Heilzeremonien mit Ayahuasca habe ich erlebt, dass der Schamane zu Beginn leise vor sich hinsingt oder -pfeift, als würde er Vogelgeistern in seinem Kopf zuhören – bis er die als *Icaro* bezeichnete Melodie auffängt, die er dann zur Durchführung der Heilarbeit singt. Als ich später selbst an schamanischen Heilgesangszeremonien teilnahm, erlebte auch ich dieses Gefühl, plötzlich eine Melodie einzufangen, die anschließend ganz von selbst meine Stimmbänder zu modulieren schien, unabhängig von meinem Willen.

Als Kind hatte ich eine ganze Reihe von Klavierlehrern, einige waren langweilig, andere inspirierend, doch es kam zu einem traumatischen Ereignis, als ich vor meinem Auftritt an einem Schulkonzert vor Lampenfieber erstarrte. Dadurch erhielt meine Beziehung zur klassischen Klaviermusik einen privaten und introvertierten Charakter, da ich nie lernte, kreativ zu improvisieren, und schließlich hörte ich viele Jahre lang mit dem Klavierspielen auf. Als ich klassische Musik spielte und übte, hatte ich immer eine besondere Vorliebe für die Musik von Johann Sebastian Bach. Ich studierte Albert Schweitzers grundlegendes Werk über Bachs formale Sprache, in dem er den Code des alten Meisters dechiffriert – er weist zum Beispiel darauf hin, dass absteigende chromatische Bewegungen Trauer und aufsteigende Sequenzen Freude ausdrücken. Ich erfuhr, dass Bach jedes einzelne Musikstück, das er komponierte, mit der Widmung *ad majoram dei gloriam* („zur höheren Ehre

Gottes“) versah, wodurch er es völlig aus dem Bereich des persönlichen Selbstausdrucks löste. Und er beendete jedes Kirchenmusikstück mit einer Modulation in eine Dur-Tonart, sogar wenn es in Moll geschrieben war, weil er wollte, dass die Zuhörer in einer positiven, extrovertierten Stimmung in die Welt außerhalb der Kirche zurückkehren sollten.

Meine spirituelle Verbindung zu Bachs Musik wurde unerwartet bestätigt, als man mir in einer Reinkarnationssitzung mitteilte, ich sei einer seiner Söhne gewesen, von denen einige ebenfalls eigenständige Musiker wurden. Ungefähr zur selben Zeit empfing ich im Traum das Fragment einer Vision, wie ich hinter dem Meister stand, während er eines seiner energischen, schnellen Stücke auf der Orgel spielte (vielleicht war es auch ein Cembalo), und ich sah, wie er während des Spiels auf dem Stuhl energisch zur Seite rutschte und die Perücke auf seinem Kopf flatterte.

Als ich während der kreativen Explosion der 1960er in New York lebte, begann ich mich ernsthafter mit dem Verhältnis zwischen Musik und subtilen Bewusstseinsveränderungen auseinanderzusetzen. Durch meine Freundschaft mit dem indischen Musiker Shyam Bhatnagar, der in Konzerten mit Ravi Shankar, dem Meister der Sitar, als Tamburaspieler aufgetreten war, lernte ich, die subtilen Klangvariationen der indischen Musik bewusst wahrzunehmen, mit ihren eingeschobenen Viertel- und Achtelnoten, den Obertönen sowie dem durchgehenden Bass als Grundlage. Ich begegnete auch Künstlern wie La Monte Young und Terry Riley, die durch den indischen Meistersänger Pandit Pran Nath beeinflusst waren, der mit anhaltenden Summtönen experimentierte sowie mit melodischen und harmonischen Variationen, die eher in die Klänge eingebettet waren, als nacheinander gespielt zu werden, wie es normalerweise üblich war.

Als ich in Nordkalifornien lebte, faszinierte mich vor allem Terry Rileys Meisterstück für Klavier, *The Harp of New Albion,* in dem er auf einem Klavier spielte, das ganz auf Intonation gestimmt war, also mehr wie eine Harfe. Er bezieht sich damit auf eine Legende über den englischen Forschungsreisenden und Piraten des 16. Jahrhunderts, Sir Francis Drake. Als er auf seiner Expedition einige Monate an der Küste verweilte, die heute Drake's Bay genannt wird, habe der elisabethanische

Seefahrer jenes Land, das wir heute als Kalifornien kennen, *New Albion* genannt und bei seiner Abreise eine Harfe auf dem Kliff zurückgelassen. Die in der Gegend lebenden Einheimischen vernahmen die Musik, die von den feuchten Winden auf den Saiten der Harfe hervorgerufen wurde. In Terry Rileys Musik konnte ich hören und sehen, wie sich die Wellen an den Felsen brachen, ich hörte das Pfeifen des Windes in den Pinien und Gräsern, ich sah die verwehten Schneeregenfetzen auf den übereinandergeschichteten Schieferplatten und die überwältigende Majestät des endlosen Ozeans im Westen.

Die Musik ist immer ganz eng mit den Künsten der Sprache verbunden, sie lässt aus den Worten des lyrischen Dichters ein Lied entstehen und aus den Worten des Bühnendichters die Gesänge der Opern und Musicals. Wir befinden uns alle gemeinsam in einer anderen Welt, völlig unabhängig von der semantischen Bedeutung der Worte, wenn wir auf die nonverbalen Klänge der offenen Vokale reagieren oder auf die rein instrumentalen Formen der Musik. Die Erforschung der Gehirnfunktionen und des Lernens hat eindeutig erwiesen, dass die musikalische Intelligenz völlig anders beschaffen ist und dass bei ihr ganz andere Bereiche des Gehirns aktiv sind als bei anderen Arten der Intelligenz – der verbalen, mathematischen, räumlichen, kinästhetischen (Körperbewegung) und der sozialen/zwischenmenschlichen Intelligenz.

Das rhythmische Element der Musik war schon immer und überall mit der freudig-erotischen, menschlich verbindenden Erfahrung des Tanzes verbunden. Man hat festgestellt, dass Rhythmen die Konzentration steigern und Lernvorgänge beschleunigen. Wenn Schamanen sich in veränderten Bewusstseinszuständen auf Reisen begeben, um sich zum Zweck der Heilung mit Geistern zu verbinden, verstärkt der Trommelrhythmus die Alpha- und Thetawellen im Gehirn, wodurch die Bewegung in und durch die geistigen Welten ermöglicht wird.

Der Schriftsteller William Congreve schrieb, dass „die Musik den Charme besitzt, das wilde Biest zu besänftigen“, und bestätigte damit die Lektion des Orpheus, dessen lieblich klingende Lyra die Bewohner der Unterwelt so betörte, dass es ihm gelang, seine geliebte Eurydike aus dem Reich der Toten herauszuschmeicheln. Verschiedene Arten von Musik sind sowohl zur physischen als auch zur emotionalen

Heilung eingesetzt worden, besonders in tiefen erweiterten Bewusstseinszuständen mit entheogenen oder holotropen Komponenten. Die Erzeugung von Klängen mit der Stimme erfordert eine tiefe Atmung, und die Atmung selbst wurde von Andrew Weil und anderen als „wichtigster Schlüssel zur Heilung" bezeichnet. So überrascht es nicht, dass der bewusst ausgerichtete Einsatz der Atmung, des Tönens und des Mantra-Singens im Osten wie im Westen ein integraler Bestandteil spiritueller Heilpraktiken ist.

Musik kann die spirituellen Sehnsüchte einer Gesellschaft oder Kultur wecken. Martin Luther King hat beredt die Rolle beschrieben, die Jazz und Blues in den Identitätskrisen der Schwarzen in Amerika – und aller Menschen – gespielt haben:

> Es ist triumphale Musik. Der Blues erzählt von den Schwierigkeiten des Lebens ... er nimmt die härtesten Realitäten des Lebens und verbindet sie mit der Musik, um dann mit einer neuen Hoffnung oder einem siegreichen Gefühl aufzuwarten ... Der moderne Jazz ist dieser Tradition treu geblieben, er besingt das komplizierter gewordene Leben in der Stadt. Wenn das Leben selbst weder Ordnung noch Bedeutung zu bieten hat, erschafft der Musiker Ordnung und Bedeutung aus den Klängen der Erde, die durch sein Instrument hindurchfließen. Ein großer Teil der Kraft unserer Freiheitsbewegung in den Vereinigten Staaten kommt von der Musik. Sie hat uns durch ihre süßen Rhythmen gestärkt, als uns der Mut zu verlassen drohte. Sie hat uns mit ihren reichen Harmonien Ruhe gegeben, als unsere Stimmung auf dem Tiefpunkt war. (Geleitwort zu den Berliner Jazztagen 1964)

Auf der elementarsten physischen Ebene sind bei den Hörern der Musik Veränderungen der zeitlichen Schwingungsmuster feststellbar: Die Melodie fügt die Schwingungsmuster, die sogenannten „Noten", zu einer Sequenz, und die Harmonie „spielt" sie gleichzeitig. Sowohl das makrokosmische Universum als auch das mikrokosmische Universum des Körpers sind miteinander interagierende multidimensionale Systeme aus vibrierenden Frequenzen. Darin findet sich die Grundlage für das heilende und harmonisierende Potenzial der Musik. Und da Harmonie und Ganzheit auch Ausdrucksformen der Macht der Liebe sind, könnte uns dies dazu bewegen, mit Shakespeare in *Was ihr wollt* auszurufen: „Wenn die Musik der Liebe Nahrung ist, spielt weiter!"

# 2 Der Erbauer, der Organisator, der Produzent, der Ingenieur

Dies ist der Lebensweg derjenigen, die mit der Materie arbeiten, um Strukturen zu erschaffen, und Systeme zur materiellen Produktion organisieren, die der Unterstützung und Entwicklung des menschlichen Lebens dienen, wozu die Koordination von großen und kleinen Personengruppen gehört, die bestimmte spezialisierte Funktionen ausüben. Die Kerndisziplin des Erbauers/Organisators ist das praktische Verständnis von Materie und ihren Umwandlungen sowie von Geld und Reichtum, der materiellen Basis der menschlichen Gemeinschaft und Gesellschaft.

Auf der untersten und historisch grundlegenden Ebene ist dies der Lebensweg der Bauern und Gärtner, die den Boden kultivieren und damit den Menschen und Tieren in ihren Gemeinschaften Nahrung zur Verfügung stellen. Es ist interessant zu sehen, dass Agrikultur im Deutschen auch „Acker*bau*" heißt und dass man von „Bauern" spricht. Zu diesem Lebensweg gehören auch die Hirten, die Rinder, Schafe und andere domestizierte Tiere in organisierter Form hüten, sowie die Fischer – all jene, die Nahrung für ihre Gemeinschaften produzieren. Der Wechsel vom Lebensstil der Jäger und Sammler zur Wirtschaftsform der sesshaften Bauern und Hirten wird als entscheidendes Kriterium für den jungsteinzeitlichen Übergang zum Leben in Ackerbausiedlungen, Dörfern und Städten zwischen dem 12. und 10. Jahrtausend vor Christus angesehen. Die neolithischen Bauern und Hirten pflegten wie die schamanischen Jäger und Sammler der Altsteinzeit eine direkte Verbindung zu Pflanzengeistern wie *Demeter/Ceres*, der Göttin des Getreides und der Tiere, und *Pan*, dem ziegenfüßigen Hirtengott mit seiner Flöte.

Dies ist auch der Weg der Bergleute, Schmiede und Metallurgen, die Eisen, Kupfer, Bronze und andere Metalle aus der Erde gewinnen und aus ihnen

Werkzeuge für die Handwerker, Waffen für die Krieger und Instrumente für die wissenschaftliche Forschung herstellen, sowie derjenigen, die in der heutigen Zeit Kohle abbauen oder Erdöl und andere Treibstoffe für die Industrieproduktion fördern. Es ist auch der Lebensweg derjenigen, die wertvolle Steine und Metalle finden, sie aus der Erde extrahieren und aus ihnen Schmuckstücke und Juwelen fertigen. Die kostbaren Metalle Gold und Silber hat man aufgrund ihrer besonderen Qualitäten und ihrer relativen Seltenheit weltweit als Wertanlagen, als Symbole des Reichtums und als Währungseinheit für ökonomische Tauschgeschäfte übernommen.

Zu den mythischen Figuren, die mit diesem Lebensweg in Verbindung stehen, gehört der griechische Gott *Hephaistos*, den die Römer *Vulcanus* nannten. Er war der hinkende Meisterschmied, der die magischen Waffen, Rüstungen, Werkzeuge und Schmuckstücke für die Götter herstellte. Die Geschichtenerzähler im antiken Griechenland berichteten, dass Hephaistos, der Sohn von Zeus und Hera, von seiner Mutter aus dem Olymp verstoßen wurde, weil sie darüber verärgert war, dass er mit einer Missbildung auf die Welt kam. (Moderne Medizinhistoriker der Mittelalterforschung vermuten, dass diese bei Metallarbeitern verbreitete Missbildung oder Lähmung auf eine Arsenvergiftung zurückzuführen sein könnte.) Hephaistos nahm Rache an seiner Mutter, indem er ihr einen magischen goldenen Thron schenkte, auf dem sie gefangen war, sobald sie sich darauf niederließ. Auf die Bitte der übrigen Götter gelang es Dionysos, Hephaistos zu vergiften, der daraufhin zustimmte, seine Mutter freizulassen, woraufhin er dankbar im Olymp aufgenommen wurde und die schöne Aphrodite als Gemahlin erhielt.

In der Folge ertappte Hephaistos seine Frau bei einer Liebschaft mit Ares, dem männlich-starken Kriegsgott, worauf er ein goldenes undurchdringliches Netz schuf, das er über das Paar warf. Daraufhin lud er die anderen Götter ein, herbeizukommen und das unglückselige Paar auszulachen, das in den Fesseln der sexuellen Anziehung gefangen war. Beide Geschichten weisen metaphorisch auf die verführerische Bindungskraft technischer Erfindungen und Werkzeuge hin.

Während das Schmieden von Waffen normalerweise männlichen Gottheiten zugeordnet wird, war es in der vorchristlichen Mythologie Irlands die Göttin

*Brighid* oder *Bride*, die mit Feuer und Schmiedekunst sowie mit Vieh, Ernte, Fruchtbarkeit, haushälterischen Fertigkeiten, Dichtung und Weisheit in Verbindung stand. Im christlichen Glaubenssystem wurde sie zur heiligen Brigitta, die mit ewigen Flammen und geweihten Heilquellen verbunden ist.

In der vorchristlichen nordeuropäischen Mythologie bedeutete die Arbeit auf diesem Lebensweg im Bereich der dichtesten Materie, dass man lernen musste, mit den „Schwarzalben", die man auch Gnome oder Zwerge nennt, zusammenzuarbeiten, denn durch sie waren Steine, Felsen und Metalle beseelt. In meinem Buch *Der Brunnen der Erinnerung* habe ich darüber geschrieben, welche Bedeutung der Zwergenmythos für unsere Zeit hat und wie er aufzeigt, dass der technologische Fortschritt per se kein moralisches oder humanes Gewissen besitzt – dass die Menschen, die sich seiner bedienen, dies in bewusster Absicht mitbringen müssen:

> Die Zwerge sind ... die in der Erde wohnenden Geister der Steine und des Metalls, Meister der Materie und des Feuers, die magische Werkzeuge, Waffen und Schmuckstücke herstellen. Sie sind die Geistwesen, die Bergleute, Schmiede, Metallurgen und Alchemisten „begeisterten". Ihre Fähigkeit, Reichtum in Form wertvoller Metalle zu schaffen und aufzubewahren, wird gegenwärtig von Schweizer Bankiers und Goldverwaltern weitergepflegt, denen man den Spitznamen „Gnome" gegeben hat. Zwerge sind in der heutigen Zeit die Geister, die Wissenschaftler und Ingenieure, Werkzeugmacher, Techniker, Erfinder, Designer, Computerhersteller, Programmierer, „Hacker" und Techno-Freaks inspirieren. ... Jedes Individuum ist natürlich eine einzigartige Kombination verschiedener Eigenschaften, natürlicher wie kultureller. Doch der Geist der technologischen Erfindung, der viele unserer Wissenschaftler und Techniker anregt, ist dieselbe amoralische und asoziale Intelligenz, die man den alten „Zwergen" nachsagte. Deshalb stehen uns die Techniken der nuklearen Vernichtung, der ökologischen Zerstörung und der medizinischen Experimente des Völkermords ebenso zur Verfügung wie die übermenschlichen Werkzeuge und Erfindungen der materiellen Wissenschaften. (*Der Brunnen der Erinnerung*, S. 200 ff.)

Dies ist auch der Lebensweg der Architekten, Maurer, Ingenieure und Handwerker, die unsere Wohnhäuser entwerfen und bauen, die Fabriken, in denen wir arbeiten, die Läden und die Bürohäuser, in denen wir unsere Geschäfte führen, die Kirchen und Tempel, in den wir beten und unsere Religion ausüben, sowie die Galerien und Museen, die der ästhetischen und öffentlichen Ausstellung der Kunstwerke dienen. Jeder Beruf, der mit dem Weg des Erbauers zusammenhängt, bietet die Möglichkeit, sich zwischen der Tätigkeit der Gestalter und Erfinder, welche die „Blaupause" im Geist entwerfen, und der Arbeiter, die das Haus, die Maschine oder das Gebäude tatsächlich errichten, zu unterscheiden.

Dieses Beziehungspaar aus Entwurfsprozess und Umsetzung, das in der ägyptischen Symbolik durch die Gottheiten *Ptah* und *Knum* repräsentiert wird, unterstützt die Unterscheidung zwischen den Lebenswegen Schöpfer/Gestalter und Erbauer/Organisator. In traditionellen und indigenen Gesellschaften wurden die getrennten Aufgaben der Gestaltung und der Herstellung oft von ein und derselben Person ausgeführt. Hingegen ist es ein charakteristisches Merkmal für die komplexeren Gesellschaften in der modernen Welt der Massenproduktion, dass sich die beiden Tätigkeitsbereiche voneinander trennen lassen, was in der Praxis tatsächlich oft der Fall ist; dadurch eröffnen sich zahlreiche kreative Ausdruckswege, für Amateure ebenso wie Berufsleute. Man kann die beiden Lebenswege am besten dadurch unterscheiden, dass der Akt der Erfindung, der Schöpfung oder der Gestaltung einzigartig und individuell ist, während die Durchführung, Herstellung oder Konstruktion normalerweise eine organisierte Gruppe von Individuen mit verschiedenen Kenntnissen und Möglichkeiten erfordert oder voraussetzt.

Die Beziehung zwischen den Lebenswegen des Schöpfers/Gestalters und des Erbauers/Produzenten ist symbiotisch – beide benötigen und unterstützen einander. Der Architekt/Künstler, der ein Gebäude entwirft, braucht einen Erbauer/Organisator, der die Materialien zusammenfügt, sowie Personen zur Ausführung der Konstruktion; ebenso benötigt der Schriftsteller einen Drucker oder Verleger, damit andere die von ihm verfasste Geschichte lesen können, und der Komponist braucht einen Interpreten, um seine Musik einer Hörerschaft vortragen zu können. Eine ähnliche reziproke Beziehung besteht zwischen dem Verfasser eines Bühnenstücks oder einem Drehbuch und dem Theater- oder Filmproduzenten; und zwischen dem Programmierer, der die Software entwickelt und den Ingenieuren, von denen die entsprechenden Geräte stammen.

Innerhalb der mittelalterlichen Handwerkszünfte entwickelten die Maurermeister und ihre Lehrlinge eine Art spirituelle Bruderschaft und Gemeinschaft, die auf gegenseitiger Unterstützung beruhte und ihre Werkzeuge als Erkennungssymbole verwendete. Später wandelten sich die Maurerzünfte in eine reine Bruderschaft, die Freimaurer – die nicht länger nur den Erbauern vorbehalten war. Die Symbole (das Quadrat und der Kompass) sind dabei als verschlüsselte Wahrzeichen ihrer geheimen Verbindung erhalten geblieben.

Das Wort „Architektur" geht auf die griechischen Stammwörter *arch*, Meister oder Leiter, und *tekton*, Zimmermann oder Erbauer, zurück. Verwandte Wörter sind das griechische *tekhne*, Handwerk oder Kunst; das lateinische *tegere*, bedecken und *texere*, weben. John Allen, der das Pionierprojekt *Biosphäre 2* entworfen und umgesetzt hat, schrieb, man solle *Techne*, die Muse des Handwerks, in die Liste der Musen mit aufnehmen. Allen, der sich während seiner Studienzeit mit Bergbautechnologie und Finanzen beschäftigt und Erfahrung auf diesen Gebieten gesammelt hatte, schuf die Biosphäre 2 als Forschungs- und Demonstrationseinrichtung, um zu testen, ob in einer geschlossenen Raumkapsel langfristig Leben möglich wäre. Er stellte eine Gruppe der wichtigsten sachkundigen Mitarbeiter zusammen und organisierte die Finanzierung mit Hilfe privater Gönner. Ziel des Projekts war es, zu demonstrieren, wie eine kleine Gruppe von Menschen in einem sich selbst erhaltenden Miniatur-Ökosystem überleben könnte, indem sie ihre eigene Nahrung anbaut und sich komplett selbst versorgt, so wie es auch für die Weltraumforschung der Zukunft erforderlich wäre.

In der Architektur muss, mehr als in allen anderen Künsten, die Form der Funktion folgen. Praktische Überlegungen wie Stabilität, Schutz vor den Elementen, Zugang zu Wasser und Nahrungsquellen müssen mit ästhetischen Aspekten in Einklang gebracht werden. Das Gebäude ist an eine Nutzung gebunden – ein Wohnhaus zum Leben, eine Kirche für den Gottesdienst, eine Fabrik zur industriellen Produktion, ein Monument zum Gedenken – und es sollte in das physische und soziale Umfeld hineinpassen.

Sowohl im Osten als auch im Westen gibt es religiöse Gebäude, die sich in Gestaltung und Konstruktion ihren spirituellen Zwecken und dem religiösen Kontext so vollständig unterordnen, dass wir nicht einmal die Namen der einzelnen Architekten und Erbauer der großen mittelalterlichen Kathedralen in Europa oder der Hindutempel und der buddhistischen Monumente in Asien kennen.

Die moderne Welt feiert die Namen einzelner Architekten und Designer und deren Kunst – beispielsweise Walter Gropius, der den reduzierten, sachlichen Bauhaus-Stil in der urbanen Architektur begründete; Le Corbusier, der den Weg für die Nutzung moderner Hochhauskomplexe bereitete, um bessere Lebensbedingungen für die in Armut lebende Stadtbevölkerung zu schaffen; Mies van der Rohe mit seinen strengen, eleganten Hochhausentwürfen aus „Haut und Knochen"; Frank Lloyd Wright mit seiner „organischen Architektur", mit der er die lokale Topographie harmonisch einbeziehen wollte; Buckminster Fuller mit seinen raffinierten und einfallsreichen synergetischen Domen, die sowohl für private Wohnzwecke als auch für öffentliche Versammlungen geeignet waren. Fuller bezeichnete seine integrative Vorgehensweise als „umfassende, vorausschauende Gestaltungswissenschaft".

Dies ist auch der Lebensweg derjenigen, die im Straßen- und Brückenbau tätig sind und die Verkehrswege über Land und Wasser errichten und instandhalten, sowie derjenigen, die Gefährte und Fahrzeuge zur Fortbewegung auf der Erdoberfläche herstellen; derjenigen, die für die Wasservorräte der Bauern Dämme errichten und die Wasserkraft zur Gewinnung der Hydroelektrizität nutzbar machen; der Weg der Bootsbauer, die das Befahren der Flüsse und Kanäle ermöglichen, sowie der Dock- und Werftarbeiter, die die Schiffe konstruieren, welche die sieben Weltmeere zu Handels- und Forschungszwecken befahren; derjenigen, die Eisenbahnen und Straßen, Flugzeuge und Flughäfen, Raumschiffe und Raumstationen planen, bauen und damit arbeiten. Alle diese Berufe und Tätigkeiten erfordern Vorlagen und Pläne sowie die Koordination und Organisation großer Personengruppen mit spezialisierten Kenntnissen und Funktionen.

Es ist auch der Weg derjenigen, die Maschinen zur industriellen Produktion planen und bedienen, der Weg der Werkzeugmacher und Hersteller von Instrumenten sowie der Computeringenieure und Programmierer, welche die Kommunikationscodes für den Austausch zwischen Menschen und digitalen Medien erstellen. Es ist wichtig, zu erkennen, dass zu diesem Lebensweg nicht nur Führungspersönlichkeiten mit bekannten Namen wie Bill Gates, Steve Jobs und andere gehören, sondern auch die Hunderttausende von Mitarbeitern, die Teil dieser riesigen Firmen sind.

Diesen Weg beschreiten auch diejenigen, die Firmen und Netzwerke im Handel, im Gewerbe, in der Produktion, im Warentransport und in der Logistik aufbauen, sowohl im zivilen als auch im militärischen Bereich. Im zurzeit dominanten Modell der Firma, mit dem die moderne Gesellschaft ihre Wirtschafts- und Finanzindustrie organisiert, entspricht dies dem Weg des Unternehmers und der Konzerne mit ihren CEOs und Lohnarbeitern, die Waren und Dienstleistungen produzieren, die für den wirtschaftlichen Kreislauf der Gesellschaft überlebenswichtig sind.

Diesen Lebensweg gehen auch die Organisatoren von Kunst- und Unterhaltungsproduktionen, Theateraufführungen, Opern, Sportveranstaltungen, Konzerten und Filmen – an denen teilweise Dutzende oder Hunderte von Künstlern, Technikern und Handwerkern beteiligt sind und wo enorme Produktionskosten anfallen sowie zahlreiche spezialisierte Tätigkeiten und riesige Mengen an Geld und Material koordiniert werden müssen. Als Beispiele könnten wir hier Walt Disney und seine Mitgesellschafter nennen, die ein riesiges Medienimperium aufgebaut haben, das mit den Possen von Trickfilmfiguren wie Micky Maus und seinen Freunden begann; und George Lucas, der mit seinen Geschäftspartnern aus verschiedenen Digitalfilmgesellschaften seinen Konzern Lucasfilms gründete, welche die Abenteuer von intergalaktischen Reisenden in der fernen Zukunft schilderte.

Die Kombinationen des Lebensweges des Erbauers/Organisators mit anderen Wegen lassen sich leicht erkennen, und wie immer arbeiten einige vielleicht vor allem auf einem Pfad, während andere sich für zwei oder mehr begeistern und diese in ihrer Arbeit miteinander kombinieren. Der Lebensweg der Personen, die Militärfeldzüge organisieren und daran teilnehmen, seien es aggressive oder defensive, kombiniert die Wege des Erbauers und des Kriegers. Gemischte Kombinationen der Lebenspfade des Wissenschaftlers/Forschers und des Erbauers/Organisators kann man bei denjenigen erkennen, die spezialisierte wissenschaftliche Forschungsexpeditionen organisieren und leiten, um mit Landkarten und Messinstrumenten ausgerüstet in unbekannte Regionen vorzustoßen: auf oder unter der Erdoberfläche, auf dem Meer oder in den Tiefen der Ozeane, zu abgelegenen Wäldern, Wüsten, Bergketten, Dschungeln sowie zu den „äußersten Grenzen" bei der Erforschung des Weltalls.

### Initiation in den Lebensweg des Erbauers/Produzenten/Organisators

Normalerweise verbringen Menschen die Entwicklungsjahre zur Vorbereitung auf diesen Lebensweg damit, sich die spezialisierten Fähigkeiten und das entsprechende Wissen auf dem gewählten Gebiet anzueignen – von den Eltern und/oder bestimmten Lehrern. In den kleinstädtischen und dörflichen Kulturen der modernen und vormodernen Zeit war und ist es üblich, dass der Vater und sein Sohn oder seine Söhne zusammen im Familienbetrieb arbeiten. In den gigantischen Industriekonzernen der postmodernen Welt erben Kinder möglicherweise immer noch das Familienvermögen, obwohl sie vielleicht ganz andere Lebenswege wählen als ihre Eltern. Dieses Muster hat – mitsamt den Konflikten, die daraus entstehen können –, das Material für unzählige Familiendramen geliefert, die in Romanen, Theaterstücken und Filmen beschrieben wurden.

Ähnlich wie die Initiation in den Weg des Heilers eine „schamanische Krankheit" hervorrufen kann, ist es möglich, dass die Einweihung in den Lebenspfad der Beherrschung von Materie und Reichtum zunächst Mangelerfahrungen und Armut in der Jugend mit sich bringt. Hier treffen wir auf die Geschichte vom verarmten Kind, das vom Tellerwäscher zum Millionär und zum Menschenfreund wird. Ein klassisches Beispiel ist Andrew Carnegie – der Sohn einer armen schottischen Immigrantenfamilie stieg vom Fabrikarbeiter zum „Industriekapitän" auf, und seine Firma Carnegie Steel war eine Zeitlang das größte und profitabelste Industrieunternehmen der Welt. Nachdem er ein immenses Vermögen angehäuft hatte, verbrachte er den Rest seines Lebens als Philanthrop und gründete zahlreiche kulturelle und soziale Wohlfahrtseinrichtungen.

Manchmal kann ein katalytisches Ereignis wie der Verlust einer geliebten Person der Auslöser sein, sich auf diesem Lebensweg zu bewähren und ihn zu beherrschen. Genau das erlebte der Gestalter/Erfinder/Erbauer Buckminster Fuller: Als seine sieben Jahre alte Tochter unerwartet an einer Krankheit starb, verfiel er ein Jahr lang in eine depressive Selbstisolation, aus der er mit dem Gelöbnis wieder auftauchte, all sein erworbenes Wissen und Können zum Wohl und zur Verbesserung der Lebensbedingungen seiner Mitmenschen einzusetzen.

### Das Dilemma zwischen technischem Verwendungszweck und organisatorischer Selbstüberschätzung

Eine andere griechische Figur, die mit dem Lebensweg des Erbauers/Organisators assoziiert wird, ist *Dädalus*, der Handwerksmeister und Erfinder, der das Labyrinth auf Kreta erschuf, um den Minotaurus darin unterzubringen und unschädlich zu machen – jenes Ungeheuer, das der perversen Vereinigung der Königin mit ihrem preisgekrönten Stier entsprungen war. Um aus der Gefangenschaft auf der Insel zu entkommen, baute Dädalus für sich und seinen Sohn Ikarus Flügel, mit denen sie in die Freiheit fliegen wollten, und warnte Ikarus, nicht zu nah an die Sonne zu fliegen, da sie die Wachsverbindungen der Flügel zum Schmelzen bringen könne. Ikarus konnte der Versuchung seiner Selbstüberschätzung jedoch nicht widerstehen – er stieg zu hoch auf und stürzte in den Tod.

Diese Geschichten, die wie andere von magischen und fluchbeladenen Waffen und Werkzeugen berichten, weisen auf die Neigung der Menschheit hin, mitgerissen und von ihrem eigenen technischen Können geblendet zu werden. In der nordischen Edda wird erzählt, wie Odin, der Schamane und Zauberer, einer Gruppe von Bauern einen Stein gab, damit sie ihre Sensen besonders gut schärfen und dadurch ihre Arbeit noch effizienter ausüben konnten – worauf die Arbeiter, in blinder Begeisterung über diese neuen Werkzeuge, einander gegenseitig in Stücke schnitten. Der Mythos von den kunstfertigen Zwergen betont, dass technische Geräte und Fertigkeiten nicht zwingend mit menschlichen Werten und Bedürfnissen verknüpft zu sein brauchen; es sind die menschlichen Nutzer der Geräte, die sich solchen Werten verpflichtet fühlen – oder auch nicht.

Organisationstalent kann zur Schöpfung und Konstruktion materieller Systeme eingesetzt werden, die das Leben, die Gesundheit, die Gemeinschaft sowie die ästhetische Schönheit unterstützen und ausweiten, ebenso aber auch zur Schaffung ungeheuerlicher Zerstörungssysteme – ob nun absichtlich, wie im Krieg und in der Waffenproduktion, oder aus Unachtsamkeit, wie bei der Umweltzerstörung durch rücksichtslose, profitorientierte Technologieunternehmen. Wenn faschistische, militärische und kriminelle Unternehmungen davon sprechen, etwas zu „organisieren", so meinen sie damit normalerweise, dass sie es sich beschaffen oder es erledigen lassen wollen, egal mit welchen Mitteln.

Ein Schlüssel zur Erleichterung dieses qualvollen Dilemmas liegt in der Unterscheidung zwischen dem Weg des Gestalters/Erfinders und dem Weg des Baumeisters/Herstellers, wie ihn die ägyptische Mythologie aufzeigt. Der Gott *Ptah* mit der blauen Weisheitskappe, die wie eine zweite Kopfhaut seinen Schädel bedeckt, ist der Schöpfer, Erfinder und Gestalter – doch sein hieroglyphisches Abbild zeigt ihn mit unter der Robe verborgenen Armen und Beinen, so als würde er eigentlich nichts machen. Der an einem Töpferrad sitzende Gott *Khnum* ist der Hersteller, der die im Geist skizzierten Entwürfe in eine materielle Form bringt, sei es der Ton einer Schale oder der Körper eines menschlichen Wesens. Während sich aus Gedankenformen karmische Pfade entwickeln, haben Gedankenformen, die eine materielle Gestalt angenommen haben oder in die Tat umgesetzt wurden, viel weitreichendere und länger andauernde Folgen.

Aufmerksame zeitgenössische Berichterstatter zur heutigen Technologie haben wiederholt darauf hingewiesen, dass wir sorgfältiger erwägen müssen, ob wir wirklich alle technologischen Erfindungen auch produzieren sollten, nur weil wir dazu in der Lage sind. Vielleicht könnten ausführlichere Überlegungen über den Zweck und die Notwendigkeit eines Geräts oder einer Technologie – abgesehen von der reinen Effizienz und dem materiellen Profit – der Menschheit in ihrem Drang, kopfvoran in die Selbstzerstörung zu rasen, eine Atempause verschaffen.

# 3 Der Forscher, der Wissenschaftler, der Sucher, der Pionier

Dies ist der Lebensweg derjenigen, denen es um die Erweiterung des Wissens geht, jene, die suchen und forschen wollen und das Verständnis der uns umgebenden Welt vertiefen möchten. Sie wollen das bisher Unbekannte entdecken und beschreiben, die mysteriöse Komplexität und Verwobenheit der Natur aufdecken, objektiv hinter die zu beobachtenden Phänomene schauen und anderen über die dahinterliegenden Gesetze und Ursachen berichten. Dieser Pfad wird manchmal auch bezeichnet als der Weg des Abenteurers, den der wagnisreiche Pfad der Grenzüberschreitung in bisher unbekannte Welten inspiriert, um in Galaxien vorzudringen, „die nie ein Mensch zuvor gesehen hat", wie die mythische Losung in *Star Trek* heisst. Die höchsten Werte und Ideale dieses Wegs bestehen darin, neue Wahrheiten zu finden und das gemeinsame Wissenserbe der Menschheit zu verbreiten.

Zuweilen gibt es einen unausgesprochenen mystischen Kern im Herzen der wissenschaftlichen Suche, ein Gefühl für Wunder und eine magnetische Anziehung für das Unbekannte und Mysteriöse. Von Albert Einstein, dem überragenden wissenschaftlichen Genie unserer Zeit, stammt der Ausspruch: „Das Schönste, was wir erfahren können, ist das Mysteriöse. Es ist der Quell aller wahren Kunst und Wissenschaft."

Isaac Newton, das überragende wissenschaftliche Genie seiner Zeit, beschrieb das kindliche Staunen, mit dem er die Erhabenheit des Universums betrachtet hatte: „Ich selber aber komme mir vor, wie ein Knabe, der am Seegestade spielt und sich freut, wenn er zuweilen einen glatteren Kieselstein oder eine hübschere Muschel als gewöhnlich findet, aber der große Ozean der Wahrheit liegt noch unentdeckt vor mir."

Albert Hofmann, der Schweizer Chemiker, der im Rahmen seiner Tätigkeit für die Pharmafirma Sandoz das außerordentlich potente, bewusstseinserweiternde LSD-Molekül entdeckte, hat beschrieben, wie ihn eine mystische Kindheitsvision beim Anblick der großartigen, allumfassenden Ganzheit der Natur zu seinem Weg als Wissenschaftler inspirierte, den er sein ganzes Leben lang verfolgte.

Für andere Wissenschaftler gab es vielleicht keine einzige identifizierbare Erfahrung als Kind, die ihnen den Impuls und das Ziel vermittelte, den Weg des Forschers anzustreben. Einige sagen, sie hätten „einfach immer gewusst", dass sie Wissenschaftler werden wollten, und seien glücklich darüber, dass ihre Eltern oder Lehrer sie in ihren Interessen unterstützt hätten. Viele berichten, dass sie schon immer eine unstillbare Neugier und Faszination für die Vielfältigkeit und Schönheit der Welt um uns herum empfanden. In Kulturen mit einer schamanischen Tradition gibt es den Brauch einer Visionssuche in Übergangszeiten – man geht alleine in die Wildnis, fastet, leert seinen Geist und versucht sich demütig mit den führenden und heilenden Geistern der Natur zu verbinden, wodurch man sich dann wiederum dazu berufen fühlen könnte, weiterzuforschen.

Solche Übergänge sind nicht unbedingt immer rein erfreuliche Angelegenheiten voll wunderbarer Entdeckungen. Die Initiation in den Weg des Wissenschaftlers/Forschers kann stressig oder sogar traumatisch sein, wenn jene, die leiden, versuchen, die Reiche der Natur und/oder der Psyche zu verstehen, die ihr Leid verursachen. Dies ist dann, wie die „schamanische Krankheit", eine Initiation in den kombinierten Lebensweg des Forschers/Wissenschaftlers und des Schamanen/Heilers. Für mich trifft es auf jeden Fall zu, dass ich mich vor allem deshalb dafür interessierte, Psychologe zu werden – und zu lernen, wie der menschliche Geist arbeitet –, weil ich den Stress und die Schwierigkeiten, die ich in meiner eigenen Kindheit und meinen Entwicklungsjahren erlebt habe, verstehen und verbessern wollte.

Zu dieser Kombination der Lebenswege gehören auch die in der Biochemie und der Physiologie tätigen Medizinforscher, die unsere Beobachtungen und unser Verständnis der Ursachen und Vorbedingungen einer Krankheit erweitern; diejenigen, die sich auf die sogenannten pychosomatischen Störungen des

Körper-Geist-Systems konzentrieren; und die Psychologen und Psychiater, die sich auf neurotische und psychotische Erkrankungen sowie die familiären und sozialen Bedingungen spezialisieren, die für Stress und Leiden verantwortlich sind.

Man kann den Weg des Forschers vom Weg des Kriegers so unterscheiden: Der Forscher akzeptiert Schwierigkeiten und Bedingungen, die einer Feuerprobe gleichen – zum Beispiel in extremer Umgebung – wenn sie zu seiner Suche nach Erkenntnis und Wissen gehören. Er wählt sie nicht um ihrer selbst willen aus. Andererseits sucht der Krieger während seiner Ausbildung möglicherweise absichtlich nach einer Prüfung als einer Art Disziplin, um so seine Kraft, seine Ausdauer, sein kämpferisches Geschick und seine Fähigkeit, Schmerzen auszuhalten, weiterzuentwickeln.

Der kombinierte Lebensweg des Wissenschaftlers und des Kriegers bringt den Einsatz wissenschaftlicher Erkenntnisse zur Erfindung und zum Bau „besserer" Waffen, d.h. die schneller töten und zerstören, mit sich – ein schärferes Schwert, ein schnelleres Gewehr, eine größere Bombe. Wie historische Aufzeichnungen beweisen, war die Anwendung von Wissen zu Zerstörungszwecken schon immer ein wesentlicher Aspekt wissenschaftlicher Projekte und hat einzelne Wissenschaftler immer wieder mit dem moralischen Dilemma konfrontiert hat, ob sie mit ihrem Wissen und ihren Kenntnissen zu den Technologien des Tötens und der Zerstörung beitragen wollen.

Vieles wurde bereits über die Wissenschaftler geschrieben, die an der Entwicklung der Atombombe beteiligt waren, wie J. Robert Oppenheimer und andere – darüber, welche Belastung der soziale und politische Druck, sich mit ihrem Fachwissen am Bau von Massenvernichtungswaffen zu beteiligen, für sie darstellte. Es gibt eine möglicherweise erfundene Geschichte darüber, dass Einstein, der widerstrebend den entscheidenden Brief an Präsident Truman schrieb, in dem er den Bau der Atombombe befürwortete, um einem potenziellen Ersteinsatz einer solchen Waffe durch die Deutschen im Zweiten Weltkrieg zuvorzukommen, später bemerkte, dass er lieber Schuster geworden wäre, wenn er als junger Mann vorhergesehen hätte, zu welchem Zweck man die wissenschaftlichen Erkenntnisse benutzen würde.

Zum kombinierten Lebensweg des *Wissenschaftlers* und des *Erbauers* gehören die Erfinder, die Ingenieure, die Hersteller von Beobachtungsinstrumenten, wie Teleskopen und Mikroskopen, die in der wissenschaftlichen Forschung als Werkzeuge und Zubehör eingesetzt werden. In der Geschichte der Wissenschaft hat die Entwicklung neuer und besserer Beobachtungsinstrumente enorme Fortschritte und Wissenserweiterungen hervorgerufen – was wiederum zu noch feineren und differenzierteren Instrumenten geführt hat. Einige Individuen scheinen einen natürlich Drang zu verspüren, ihre technischen Konstruktionsfähigkeiten einzusetzen, um die Suche nach Erkenntnissen zu fördern, während andere ihre Interessen als Ingenieure auf die Entwicklung von Technologien zur Unterstützung und Ausdehnung der menschlichen Kultur mit all ihren verschiedenen Aspekten ausrichten.

### Mit dem Wissenspfad assoziierte mythische Gottheiten

Da gibt es *Odin/Wodan*, den einäugigen, nach Wissen suchenden Gott im nordisch-germanischen Pantheon, der aus dem Brunnen der Erinnerung trinkt und sich am Weltenbaum opfert. Er unterwirft sich freiwillig diesem Initiationsmartyrium, um die mysteriösen Runen, die geheime Sprache der Natur, zu entziffern. Er befragt alle Geistwesen auf der ganzen Welt des Planeten Erde – die Riesen, Elfen, Zwerge und die *Völvas* (prophetische Seherinnen) –, um von ihnen zu lernen. Einem Mythos zufolge setzte er sich sogar zu denen, die den Tod durch Erhängen erlitten, und befragte die Geister, während die Sterbenden ins Totenreich hinüberwechselten.

In der griechischen Mythologie ist *Hermes*, ein Sohn des Göttervaters Zeus, der Götterbote, der mit Hilfe seiner Flügel an den Füßen und am Kopf zwischen den Welten reisen kann, die man „Himmel" und „Erde" nennt, zwischen den höheren Dimensionen und der Raum-Zeit-Dimension der gewöhnlichen Realität. Er trägt die Botschaften der Götter weiter, die den Menschen als Führung dienen, und er überbringt die Gebete/Bitten der Menschen an die Götter. Hermes/Merkur ist der inspirierende und führende Geist der alchemistischen Weisheitsüberlieferung. Sein Erkennungszeichen ist der Hermesstab mit zwei umeinander gewundenen Schlangen, die für die zentrale vertikale Energieachse und die beiden polaren Ströme der Schlangenenergie stehen (die von indischen Yogis als *ida* und *pingala* bezeichnet werden). Dieses Symbol stellt ein subtiles

Energiewerkzeug dar, mit dem der Übende des Yoga zwischen den höheren und den tieferen Dimensionen (Himmel und Erde) reisen kann.

### Historische Entwicklung des Lebenswegs als Wissenschaftler

In alten und mittelalterlichen Zeiten wurden Personen, die mit Vorliebe die Wege der Natur beobachteten und beschrieben, Naturphilosophen genannt – wörtlich „diejenigen, welche die Weisheit der Natur lieben". Ein alchemistisches Bild aus dem 16. Jahrhundert zeigt einen kurzsichtigen Wissenschaftler/Alchemisten, der ein kleines Licht trägt und der schönen, selbstleuchtenden Figur der Natur in Form einer Frau folgt. Diese Naturphilosophen, die man auch Alchemisten nannte, richteten ihre Beobachtungsmethoden ebenso auf die materielle und lebendige Welt um sie herum wie auf die lebendigen Bilder, Gedanken, Intuitionen, Gefühle und Wahrnehmungen in ihrem Inneren. Sie benutzten symbolische Wörter und Bilder, um ihre Beobachtungen zu notieren und mitzuteilen. Ein damit vergleichbarer wichtiger Teil ihrer Motivation war die Suche nach möglichen Verbindungen, da die Wissenschaftler, die sich mit der Beobachtung der Bewegungen von Sonne, Mond, Planeten und Sternen befassten – die Astrologen – keinen Grund sahen, mögliche Zusammenhänge zwischen dem Leben und den spirituellen und moralischen Belangen der Menschen auf der Erde a priori abzulehnen.

Isaac Newton hatte während zwanzig Jahren alchemistische Versuche durchgeführt und dokumentiert, bevor er seine berühmten Bewegungsgesetze, die Grundlage der modernen Physik, formulierte. Johannes Kepler, der die mathematische Formel der Planetenumlaufbahnen entdeckte, stellte astrologische Horoskope für Schlüsselfiguren und -ereignisse auf. Doch mit dem Beginn der wissenschaftlichen Revolution im 16. und 17. Jahrhundert in Europa mussten diese bahnbrechenden Wissenschaftler, wie auch Galilei, Descartes und viele andere, mit der Herausforderung umgehen, unter der kontrollierenden Ideologie der katholischen Kirche zu überleben und zu arbeiten, die zu jener Zeit eine Staatsreligion war, deren Vollstrecker über Leben und Freiheit entschieden.

Die traditionellen Studien- und Forschungsfelder, die abwertend in Alchemie und Astrologie umbenannt wurden, erkannte man kurzerhand nicht mehr als Wissenschaften an. Sie versanken in einem verrufenen kulturellen Untergrund

und lebten nur noch weiter dank kleinen Minderheiten, die sie ausübten. Auf diese Weise von der Einmischung der Kirche befreit, konnten sich die materialistischen Wissenschaften der Chemie und Astronomie entwickeln, ohne je die subjektiven Ebenen des Geistes, der Psyche, des Bewusstseins, der Bedeutung und des Wertes zu berücksichtigen.

Die etablierte Wissenschaft der modernen Welt und die durch die gängige Allgemeinbildung vermittelte Weltanschauung haben dieses kognitive Tabu gegenüber wissenschaftlichen Studien über subjektives Erleben aufrechterhalten, obwohl sich die politische Herrschaft des christlichen Weltbildes schon längst abgeschwächt hat. In *Das Mystische Grün* habe ich diese bedauerlichen, ein--schränkenden Folgen beschrieben, die das Aufkommen der mechanistischen Weltanschauung, die sich in vielerlei Hinsicht außerordentlich fortschrittlich und gesundheitsfördernd auf die Kultur ausgewirkt hat, nach sich zog.

> Zwischen der Religion und der neuen Wissenschaft wurde gewissermaßen ein Pakt abgeschlossen, der zu einer Spaltung innerhalb des Weltbildes und somit zu einer Kultur zweier Welten führte. Die Welt des Schöpfers, des Geistigen, des Göttlichen, der transzendentalen Wirklichkeit und der Moral war das Reich der Religion, aus dem sich die Wissenschaft einvernehmlich heraushielt. […] Hingegen war die Welt der Materie und der Kräfte, die mit den Sinnen wahrgenommen, gemessen und manipuliert werden können, das Reich der Wissenschaft, und die Kirche gab den Wissenschaftlern freie Hand, diese Welt zu entwickeln. Daraus ergab es sich, dass die neue mechanistische Wissenschaft von Erwägungen des Zwecks, der Werte, der Bedeutung oder der Ethik befreit sein und eine völlig deterministische und mechanistische Konzeption des Universums vertreten musste. [...] Damit kommen wir zu der entweihten, gefühllosen und sinnentleerten Welt der Moderne, in der nur aus Selbstzweck oder aus Erwägungen des Gewinnstrebens oder Kriegführens nach Wissen gestrebt wird. (*Das Mystische Grün*, S. 132–133)

Offensichtlich muss jedes vollständige oder integrierte wissenschaftliche Weltbild die subjektiven Reiche des Bewusstseins, der Psyche und des Geistes enthalten. Wie der altgriechische Weise Heraklit sagte, dehnt sich das innere subjektive Reich genauso unendlich aus wie das äußere objektive: „Die Grenzen der Seele wirst du niemals erreichen, so weit du auch wanderst." In einem integrativen, holistischen und systemischen Weltbild könnten und sollten die verschiedenen Zustände und Dimensionen des Bewusstseins und ihre Variationen fester Bestandteil der objektiven Beobachtungen sein.

### Der radikale Empirismus als wichtigste Disziplin des wissenschaftlichen Forschers

Letzten Endes geht es nicht darum, wo oder wie die Beobachtungen angestellt werden, die ein Studienfeld „wissenschaftlich" machen, sondern darum, wie die Beobachtungen anschließend verarbeitet werden. Die wissenschaftliche Methode unterscheidet sich von zufälligen und willkürlichen Beobachtungen oder von Feststellungen, die nicht der Ansammlung von Wissen dienen, durch die wiederholten systematischen Beobachtungen ein und derselben Person und Untersuchungen anderer Forscher. Die entscheidende Disziplin hierbei ist die Epistemologie des radikalen Empirismus von William James, der zufolge man kein Erfahrungsgebiet, weder im Äußeren noch im Inneren, von der Beobachtung ausschließen sollte. Im Rahmen einer solchen Epistemologie ist es möglich, objektiv mit subjektiven Erfahrungen umzugehen.

Die östlichen Achtsamkeitstechniken haben tatsächlich diesen integrativeren wissenschaftlichen Zugang zum Bewusstsein praktiziert, der auf inneren Beobachtungen in unterschiedlichen Meditationszuständen basiert. Der Dalai Lama hat in Gesprächen mit westlichen Wissenschaftlern zu einem erweiterten „Empirismus durch Selbsterfahrung" aufgerufen. In den letzten Jahren haben westliche Wissenschaftler begonnen, einen integrativeren Ansatz zu verfolgen, indem sie zwischen bestimmten Zuständen und Variationen des Bewusstseins, wie beim Träumen und Meditieren, und bestimmten messbaren Veränderungen der Gehirnfunktion, zum Beispiel mit dem Elektroenzephalogramm, einen Bezug herstellen.

Jede wissenschaftliche Praxis besitzt grundsätzlich zwei zentrale Phasen. Die eine ist die Phase der beschreibenden Beobachtung, die durch die Messung mit

Beobachtungsinstrumenten unterstützt wird – wie Teleskope für den Makro--kosmos und Mikroskope für den Mikrokosmos. Die andere ist die theoretische Erklärungsphase, in der Theorien und Hypothesen über die zugrundeliegenden Gesetze oder Prinzipien experimentell überprüft und von weitergehenden Beobachtungen begleitet werden.

Die bedeutende Arbeit des Wissenschaftshistorikers Thomas Kuhn, *Die Struktur wissenschaftlicher Revolutionen* (1962) vertrat das Argument, dass wissenschaftliche Theorien und Erklärungen innerhalb eines bestimmten Feldes unter Paradigmen zusammengefasst werden, die das gesamte Gebiet organisieren. Die Relativitätstheorie in der Physik und die auf der natürlichen Auslese basierende darwinistische Evolutionstheorie sind Beispiele für solche naturwissenschaftlichen Hauptparadigmen, die in ihren wichtigsten Grundzügen breite Akzeptanz finden, während ihre Formulierungen, Interpretationen und Details Raum für Variationen offenlassen.

Diese Paradigmen verändern sich nicht schrittweise mit der Anhäufung von Beobachtungen – vielmehr durchlaufen sie einen *Paradigmenwechsel*, wenn neue Bezugssysteme angewendet werden, die sich völlig von dem unterscheiden, was vorher als „wahr“ akzeptiert wurde. Ein klassisches Beispiel eines solchen Paradigmenwechsels fand in der Kosmologie durch den Wandel von der mittelalterlichen geozentrischen zur heliozentrischen Sichtweise im 17. Jahrhundert statt (obwohl die Grundidee bereits in der Antike bekannt war).

Immer noch gibt es in der wissenschaftlichen Welt hitzige Auseinandersetzungen und erbitterte Debatten über die Ausweitung der Evolutionstheorie auf den Bereich des Sozialen und auf das Bewusstsein selbst. Einige, wie Teilhard de Chardin, gehen von einer Art spiritueller Evolution der *Noosphäre* aus, während andere, wie Stephen Jay Gould, die Auffassung nicht teilen, dass irgendeine Art von „Fortschritt“ in der Evolution sichtbar wird; er umschreibt sie einfach als „veränderte Anpassungen an veränderte Bedingungen“ .

Ich selbst zähle mich zu den Wissenschaftlern, die der Ansicht sind, dass die wesentliche Herausforderung für unsere stark industrialisierte Welt in der

Entwicklung einer Weltanschauung besteht, welche die in der Wissenschaft entwickelten Messtechniken integriert, diese jedoch mit einer ökologischen und humanen sozialen Ethik verbindet, die darauf abzielt, alle Lebensformen, menschliche und nicht-menschliche, auf dem Planeten Erde zu erhalten und zu schützen.

### Die Wissenschaften des Makrokosmos, des Mikrokosmos und des Mesokosmos

Die Physik, die Biologie sowie die Human- und die Sozialwissenschaften haben alle ihre eigenen spezialisierten Sprachen und mathematischen Messsysteme entwickelt, die wesentlich zu ihrer Wirkungskraft und Reichweite beigetragen haben und mithin die internationale und interkulturelle Kommunikation und Zusammenarbeit unterstützen. Die besten Beispiele für solche gemeinsame Sprachen, die den Wissenschaftlern unterschiedlicher Länder bekannt sind und von ihnen angewendet werden, sind die abstrakte Symbolsprache der Mathematik, die kodierten Geometrien chemischer Strukturen, die lateinischen Taxonomien der Pflanzen-, Tier- und Pilzgattungen, die Periodentafeln der Elemente und die Symbolkodierungen der Aminosäurepaare auf dem DNA-Molekül.

Es ist interessant, dass man die Aufteilung der Welt in drei Teile zum Zweck der Forschungsorganisation sowohl in alten schamanischen Lehren als auch im zeitgenössischen holarchischen ganzheitlichen Weltbild kennt. Außerkörperliche schamanische Reisen können in die „untere Welt“ (subjektiv nach unten in die Erde), in die „obere Welt“ (subjektiv nach oben, fliegend oder kletternd) oder in die „mittlere Welt“ unserer gewöhnlichen Realität von Zuhause, Arbeit und Familie gerichtet sein. Wissenschaftliche Beobachtungen und Untersuchungen, die eine gemeinsame Sprache und die gleichen Instrumente verwenden, können sich, je nach Ausbildung und Interesse des Wissenschaftlers, auf die mikrokosmischen Realitäten, die nur mit dem Mikroskop erfassbar sind, die makrokosmischen Welten, die man nur mit dem Teleskop erkennen kann, oder die mittlere mesokosmische Welt der am Menschen orientierten Wissenschaften fokussieren.

Der *Mesokosmos* ist die sichtbare Welt der Pflanzen, Tiere und Pilze, des Ökosystems, des menschlichen Verhaltens und der Kulturen, die auf der Oberfläche des Planeten Erde leben. Zu den wissenschaftlichen Disziplinen dieser Reiche gehören diejenigen Wissenschaften, die sich mit dem Körperhaften und dem Lebendigen befassen, wie die Physik, die Geologie, die Mineralogie, die Geographie, die Biologie und die Ökologie; die mit den drei mehrzelligen Königreichen des Lebens (Tieren, Pflanzen, Pilze) zusammenhängenden Wissenschaften – Zoologie, Botanik und Mykologie; und die humanmedizinischen und sozialen Wissenschaften Anatomie, Physiologie, Psychologie, Anthropologie, Soziologie und Archäologie.

Zu den Vorreitern der modernen Beobachtungswissenschaften auf diesem Gebiet gehört der venezianische Forscher *Marco Polo;* er versorgte die mittelalterliche Welt im 13. Jahrhundert mit ersten Beobachtungen aus der mongolisch-chinesischen Kultur, die dem europäischen Empfinden jedoch so fremd waren, dass man ihn beschuldigte, seine Reiseberichte seien erfunden; und *Alexander von Humboldt,* der deutsche Forscher des 18. Jahrhunderts, der zwanzig Jahre lang Südamerika bereiste und sorgfältige Beobachtungen über geologische Formationen, Flora, Fauna und über die Verhaltensmuster der Menschen anstellte, die er schriftlich und zeichnerisch festhielt.

Alle herausragenden Wissenschaftler-Forscher des 20. Jahrhunderts in diesen mittleren Welten, die mein eigenes Denken angereichert und inspiriert haben, sind bekannt für ihre umfangreichen empirischen Beobachtungen bis dahin unerforschter Ebenen. Dazu gehören:

- die Kulturanthropologin *Margaret Mead*, deren Beobachtungen und Schriften über die eher freizügigen Erziehungsmethoden in Samoa die Revolution der sexuellen Einstellungen und die Änderung der Stillpraktiken in den 1960er Jahren beeinflussten, sowie die Schriften des Kinderarztes Benjamin Spock.
- der Anthropologe und Linguist *Gregory Bateson*, Margaret Meads langjähriger Partner, der kulturübergreifende Kommunikationsmuster analysierte, um die in Familien und Gruppen auftretenden Konflikte zu verstehen, wandte die neuen Sprachen der Kybernetik und der Feedback-Systeme an, besonders in seiner Formulierung der „Doppelbindungstheorie" zur Entstehung von Schizophrenie. Ich begegnete einmal Gregory Bateson in seinen späteren Jahren während seines Lehraufenthalts am Esalen Institute. Ich erinnere mich an seine hohe,

leicht gebeugte Gestalt und an seinen skeptischen, amüsierten, aber freundlichen Ausdruck, als er die Inhalte meiner Vorträge kommentierte. Eines Tages fragte ich ihn beim Mittagessen (etwas vorlaut), warum er ein besonders langes Augenbrauenhaar, das einige Zentimeter von seiner Stirn abstand, nicht gestutzt habe. Er entgegnete, dass man die Haare der Augenbrauen in einer Kultur in Neuguinea, die er erforscht hatte, für eine Art Lebenslinie halte, durch welche die Seele Unterstützung beim Verlassen des Körpers während des Sterbens fände – daher behielt er sie, für den Fall, dass er sie benötigen sollte. Ich war begeistert, dass er nach all seiner lebenslangen wissenschaftlichen Suche und skeptischen Analyse immer noch eine respektvolle Demut vor den religiösen Glaubenssystemen bewahrte, die zu einer anderen Kultur als seiner eigenen gehörten.

- der Psychoanalytiker und Physiker *Wilhelm Reich*, auf dessen bahnbrechende Beobachtungen und Beschreibungen des muskulären Charakterpanzers im späteren Verlauf seines Lebens radikale innovative Entwicklungen folgten, die sich mit einer bis dahin unbekannten Art Feinenergie befassten, die er als „Orgon" bezeichnete und die überall in der Natur vorkommt.
- die Verhaltensforscherin und Primatologin *Jane Goodall*, deren mitfühlende Langzeitbeobachtungen freilebender Schimpansenfamilien unvergleichliche Einsichten in die Welt unserer nächsten Verwandten unter den Tieren ermöglicht haben.
- der Humanökologe *Paul Shepard*, der in *Nature and Madness („Natur und Irrsinn")* und anderen Schriften die Entdeckungen der Entwicklungspsychologie zu einer schlüssigen Diagnose der kulturellen Pathologie der westlichen Zivilisation erweiterte.
- die Meeresbiologin und Umweltschützerin *Rachel Carson*, die mit ihrem 1962 erschienenen Buch *Der stumme Frühling* die Aufmerksamkeit auf die zerstörerischen Auswirkungen synthetischer Pestizide auf Singvögel lenkte – ihr Verdienst ist es, dass sie die moderne Umweltschutzbewegung in Amerika initiiert hat.
- der Ethnobotaniker *Richard Evans Schultes*, der fast 20 Jahre damit verbrachte, die Pflanzen des Regenwalds im Amazonas zu beschreiben und neue Arten zu identifizieren, welche für die Medizin von Bedeutung sind, zusammen mit Albert Hofmann publizierte er *Pflanzen der Götter*, das definitive Sammelwerk über Halluzinogene.
- der Zoologe und Verhaltensforscher *Konrad Lorenz*, der 1973 gemeinsam mit Niko Tinbergen und Karl von Frisch den Nobelpreis erhielt und bahnbrechende

Studien über das Verhalten von Tieren in ihrer natürlichen Umgebung anstellte, wobei er die einflussreichen Konzepte der „Prägung" und der „angeborenen Auslösemechanismen" benutzte.

- der Neurowissenschaftler und Arzt *John Lilly*, der den Weg für neue Ansätze in der Kommunikation zwischen Menschen und freilebenden Delphinen bereitete und die Methode des Samadhi-Tanks entwickelte, bei der das Bewusstsein in der Isolation des Tanks von allen äußeren Sinneseindrücken befreit ist, wodurch eine Art glückseliger, heilender Einheitszustand erzeugt wird. Ich lernte John Lilly in seinen späteren Jahren kennen und freundete mich mit ihm an, als er mit hohen Dosen von LSD und Ketamin experimentierte, manchmal auch in Kombination mit dem Isolationstank. Ich hege große Bewunderung für seine phänomenale Intelligenz und Furchtlosigkeit bei der Erforschung der entfernteren Bereiche des menschlichen Bewusstseins – sogar mit dem Risiko, im Zusammenhang mit dem Gebrauch von Drogen in Suchtverhalten zu verfallen.
- mein alter Freund und Harvard-Kollege *Timothy Leary,* der selbst ein unerschrockener Erforscher und Vermittler der erweiterten Möglichkeiten des Menschen in drogeninduzierten Bewusstseinszuständen war und der ebenfalls teuer dafür bezahlte, dass er sich in trügerischen Mustern verfing und in der Folge mit den derzeitigen staatlichen Drogengesetzen der amerikanischen Polizei sowie dem Strafsystem in Konflikt geriet. Ich denke, Learys Kernaussage, die seine essen- zielle Botschaft am besten auf den Punkt bringt, war: „Man muss seinen (konditionierten) Geist überwinden, damit man zur Besinnung kommt."

Es gibt noch weitere Forscher-Wissenschaftler auf dieser mittleren, am menschlichen Maß orientierten Ebene, deren wissenschaftliche Arbeit ich zutiefst bewundere und mit denen ich Freundschaft schließen durfte. Dazu zählen:

- Der Chemiker *Albert Hofmann*, dessen Arbeit über medizinische Ergotderivate beim Pharmazieunternehmen Sandoz durch eine glückliche Fügung zur Entdeckung von LSD führte, der Substanz mit dem größten bewusstseinserweiternden Potenzial, die je gefunden wurde, mit unvorhersehbaren, bis heute noch immer nicht ganz erkannten Auswirkungen auf das kollektive Bewusstsein der Menschheit.

- der Biologe *Rupert Sheldrake*, der eine nachprüfbare wissenschaftliche Theorie über die morphische Resonanz und die morphogenetischen Felder formulierte, die sich über die Zeit hinweg ausdehnen und für die Entwicklung und die Lernvorgänge bei Pflanzen, Tieren und Menschen verantwortlich sind – eine Theorie, die unter den Verteidigern des existierenden materialistischen Paradigmas empörte Ausrufe der Verachtung ausgelöst hat.
- der Psychiater *Stanislav Grof*, der aus seiner frühen LSD-Therapiearbeit seine Theorie der perinatalen (mit der Geburt zusammenhängenden) Matrizen entwickelte – Strukturen der Erfahrung des Geburtsprozesses, die spätere Charakterprägungen sowie die transpersonalen Visionen in tiefen veränderten Zuständen erzeugen, entweder hervorgerufen durch Psychedelika oder durch Therapien, bei denen man die Geburt wiedererlebt, wie das Holotrope Atmen.
- der Anthropologe *Michael Harner*, der mutig aus den Reihen seiner akademischen Kollegen trat, indem er beschloss, vom halluzinogenen Yagé-Gebräu zu trinken, das die Jivaro-Schamanen verwendeten, über die er forschte – und anschließend die Wiedereinführung der Heilungsmethoden der klassischen schamanischen Reise in der heutigen Gesellschaft vorantrieb.
- die Archäomythologin *Marija Gimbutas*, deren Arbeit die Kunst und die Lebensweise der friedlichen, auf den Göttinnenkult zentrierten Kulturen des neolithischen Europa entdeckte und erhellte, und die liebenswürdigerweise zu meinem Buch über die nordische Mythologie, *Der Brunnen der Erinnerung*, das Vorwort schrieb.
- *Christian Rätsch*, Ethnologe und Erforscher der Sprache der mesoamerikanischen Mayakulturen, der zahlreiche Bücher über den rituellen Gebrauch von psychoaktiven Pflanzen und Medizinalpflanzen auf der ganzen Welt verfasste, darunter die prachtvoll illustrierte *Enzyklopädie der psychoaktiven Pflanzen*;
- der Pilzforscher *Paul Stamets*, der bahnbrechende Forschungen über die medizinischen (inklusive der antiviralen, antibakteriellen und psychoaktiven) Eigenschaften verschiedener Pilzarten leitete und Patente für den Einsatz von Myzelen bestimmter Pilze zur Wiederherstellung des ökologischen Gleichgewichts und zur Renaturierung angemeldet hat;
- der Psychiater und Harvard-Professor *John E. Mack*, der ausführliche Interviews mit 200 Personen veröffentlichte, die berichteten, dass Außerirdische sie ent-

führt sowie teilweise invasiven Prozeduren unterzogen hätten, und vor der rücksichtslosen Zerstörung der Biosphäre durch die Menschheit warnten. Mack selbst wurde daraufhin zu einem akademischen Verhör vorgeladen, da ihm nicht näher erläuterte unkorrekte Verhaltensweisen vorgeworfen wurden – Anschuldigungen, auf die er entgegnete, dass diese Personen seiner fachlichen Einschätzung gemäß im Vollbesitz ihrer geistigen Kräfte waren und trotzdem über höchst unübliche Erfahrungen berichteten, die er nicht erklären konnte. Er tat die Berichte nicht als Psychopathologie ab (wie ihm nahegelegt wurde), sondern blieb offen angesichts von Erfahrungen, die grundlegende Annahmen unserer Weltanschauung in Frage stellten. In seinem Buch *Passport to the Cosmos* („Reisepass für das Weltall") schrieb er, dass es offenbar Ähnlichkeiten zwischen diesen Begegnungen mit Außerirdischen und den visionären Erfahrungen einiger Indianer und Angehöriger afrikanischer Kulturen gebe – und dass es seiner Meinung nach unsere Aufgabe sei, aus solchen Ereignissen, die unser Paradigma in Frage stellen, zu lernen.

Die Wissenschaften des *Mikrokosmos* befassen sich mit der Welt der organischen und anorganischen Materie, die sich nur durch spezielle mikroskopische Instrumente beobachten und messen lässt. Dies ist die Welt der Mikroorganismen – der Zellen der Menschen, Tiere, Pflanzen und Pilze sowie der beiden ältesten irdischen Königreiche der einzelligen Organismen, die auf der Erde leben (*Protoctista* und *Monera*). Hier finden wir die Wissenschaften der Mikrobiologie, der Biochemie, der Genetik und die dazugehörigen Bereiche der Medizin, der Landwirtschaft und der Nahrungsmittelproduktion. Dann gibt es die *Molekularwelten* mit ihren Disziplinen der organischen und anorganischen Chemie, die in jedem Lebensbereich umfangreiche Anwendungsgebiete hat, von der Heilung bis zum Töten. Und schließlich gibt es die *atomare und subatomare Ebene,* der die Disziplinen der Atomphysik und der subatomaren Quantenphysik mit ihren ebenso breitgefächerten Anwendungen angehören – sowie die schlimmste und beängstigendste Waffe, die jemals von Menschen erschaffen wurde. Ich werde hier einige der herausragenden Wissenschaftler und Forscher erwähnen, deren Werk ich schätze – natürlich nur aus der Perspektive eines Außenseiters.

- Die amerikanische Evolutions-Mikrobiologin *Lynn Margulis*, die in der Welt der Bakterien (der *Prokaryonten*) und der einzelligen Organismen (der

*Eukaryonten*) Beobachtungen und Entdeckungen machte, die zur einer völlig neuen Theorie der Evolution durch *Endosymbiose* sowie zum mittlerweile allgemein anerkannten Paradigma der „Fünf Reiche des Lebens" führten.

- der Erfinder und Chemiker *James Lovelock*, der gemeinsam mit Lynn Margulis die Gaia-Hypothese aufstellte, der zufolge die Biosphäre eine selbstregulierende, lebende Entität ist, in der alle Lebensformen – auch die mikrobiologischen – interaktiv zur Aufrechterhaltung ihrer lebensfördernden Atmosphäre beitragen;
- der Geochemiker und Mineraloge *Vladimir Vernadsky*, der gemeinsam mit dem Paläontologen *Teilhard de Chardin* einer der frühesten Verfechter des systemischen Konzepts der *Noosphäre* war, in dem die geistige Sphäre (griech. *nous*, Geist) nach der Geosphäre und der Biosphäre die dritte Stufe der planetaren Evolution darstellt;
- die Zellgenetikerin *Barbara McClintock*, deren mikroskopische Beobachtungen und die Analyse der Mais-Chromosomen mit Hilfe des von ihr so bezeichneten „Gefühls für den Organismus" sie zur Entdeckung der genetischen Regulation und der Rekombination durch Übertragung führte, womit sie den Nobelpreis gewann;
- der Chemiker und Biochemiker *Linus Pauling*, der aufgrund seiner Entdeckungen und Entwicklungen der quantenmolekularen Basis chemischer Strukturen und Bindungen den Nobelpreis sowie aufgrund seines Engagements gegen Atomwaffentests den Friedensnobelpreis gewann;
- das Physik- und Chemie-Ehepaar *Pierre* und *Marie Curie*, die zu Beginn des 20. Jahrhunderts hingebungsvoll und beharrlich in ihrem Labor in Frankreich arbeiteten und schließlich das Element Radium isolierten und die Radioaktivität entdeckten, die bis heute in der Physik und in der Medizin breite und nachhaltige Anwendung findet;
- der Physiker *Albert Einstein*, der mit seinen mathematischen Formeln zur speziellen und zur allgemeinen Relativitätstheorie den Grundstein für das Paradigma der relativistischen Quantenfeldtheorie im 20. Jahrhundert legte, mit seiner berühmten Gleichung $E = mc^2$, welche in prägnanter Form die Umwandelbarkeit von Masse in Energie formulierte;
- der Physiker *Max Planck*, der sich mit subatomarer Materie befasste und die Quantentheorie entwickelte, nach der die elektromagnetische Energie nur in diskreten, diskontinuierlichen Quanten emittiert wird. Planck drückte sein

grundlegendes Verständnis in folgenden Worten aus: „Alle Materie entsteht und besteht nur durch eine Kraft, welche die Atomteilchen in Schwingung bringt und sie zum winzigsten Sonnensystem des Atoms zusammenhält. Da es aber im ganzen Weltall weder eine intelligente noch eine ewige Kraft gibt [...], müssen wir hinter dieser Kraft einen bewussten und intelligenten Geist annehmen. *Dieser Geist ist der Urgrund aller Materie.*“

Mitte des 20. Jahrhunderts tauchte in den kriegszerrissenen Ländern Europas eine ganze Reihe herausragender mathematischer Physiker auf, die auf die mathematischen und philosophischen Aufgaben reagierten, welche die Entdeckungen und Leitsätze der Quantenphysik ausgelöst hatten. Jeder von ihnen sah sich auch mehr oder weniger stark mit den ethischen und politischen Herausforderungen konfrontiert, die der Aufstieg des Nationalsozialismus und der Atomwaffentechnologie mit sich brachten. Zu ihnen gehörte *Niels Bohr*, der bewies, dass man die chemischen Eigenschaften verschiedener Elemente anhand der Anzahl von Elektronen erklären kann, die sich im Umfeld der Atome bewegen, und der den Begriff der Komplementarität einführte, um aufzuzeigen, wie sich Licht entweder als Wellen oder als Partikel messen lässt; *Werner Heisenberg*, der mit dem Unsicherheitsprinzip eine Grenze für die gleichzeitige Messung von Position und Impuls subatomarer Teilchen entdeckte; *Erwin Schrödinger*, einer der Begründer der Quantenmechanik, der ein lebenslanges Interesse für die Philosophie des *Vedanta* bekundete, in der sich die beiden Prinzipien des individuellen Selbst (*Atman*) und des omnipräsenten universellen Selbst (*Brahman*) gegenseitig ergänzen, sowie Paul Dirac, Louis de Broglie, Max Born, John von Neumann, Enrico Fermi, Wolfgang Pauli, David Hilbert und andere.

Besonders haben mich die Schriften des Physikers und Philosophen *David Bohm* beeindruckt, der bedeutende Beiträge zu den mathematischen Grundlagen der Quantentheorie leistete, während der McCarthy-Ära ins Exil abgeschoben wurde und in seinen Schriften über die *implizite* und *explizite* Ordnung und das zugrundeliegende *Holo-Movement* ein revolutionäres neues Paradigma entwickelte: „Wir haben das herkömmliche klassische Verständnis, dass die fundamentale Realität der Welt aus den unabhängigen ‚Elementarteilchen‘ besteht, umgekehrt ... Vielmehr behaupten wir, dass die fundamentale Realität darin besteht, dass die

Quanten des ganzen Universums untrennbar miteinander verbunden sind und dass relativ unabhängig voneinander agierende Teile nur bestimmte und bedingte Formen innerhalb dieses Ganzen sind." (David Bohm: *Die implizierte Ordnung*, S. 88)

Schließlich möchte ich die Arbeit des Erfinders und Philosophen *Arthur Young* erwähnen, dessen anregende Seminare ich einige Jahre lang besuchte, als ich in Berkeley wohnte. Nachdem Young zwölf Jahre lang mit Modellen gearbeitet hatte, erhielt er das erste Patent für den Entwurf eines Hubschraubers, der daraufhin von der Firma Bell Aircraft Co. gebaut wurde. Er widmete den Rest seines Lebens der Entwicklung einer integrativen evolutionären Prozesstheorie, die das ganze Spektrum von den Elementarteilchen bis hin zu den Menschen und ihrem zusätzlichen spirituellen Potenzial einschloss und in seinem Buch *The Reflexive Universe* („Das reflexive Universum") nachzulesen ist.

Der *Makrokosmos* umfasst Phänomene außerhalb des Planetensystems, die sich mit Hilfe immer stärkerer computergesteuerter Teleskope beobachten und messen lassen, von Menschen jedoch weder manipulierbar noch auf sinnvolle Weise nutzbar sind. Dies ist das Feld der Astronomie, der Astrophysik und der Kosmologie, die sich mit dem ganzen Planeten Erde und anderen Planeten unseres Sonnensystems, anderen Sonnensystemen unserer Galaxie, anderen Galaxien in unserem Universum sowie mit dem gesamten Kosmos beschäftigen. Beobachtungen auf der Oberfläche anderer Planeten oder Monde waren bisher nur in sehr geringem Umfang möglich.

Die gewaltigen Ausmaße und die Bandbreite der beobachteten Phänomene überschreiten unsere bisherigen Erklärungs- und Theoriemodelle bei weitem. Es gibt zum Beispiel den verwirrenden Tatbestand, dem zufolge 84 Prozent aller Materie im Universum mutmaßlich unsichtbare „dunkle Materie" ist, die Licht weder aussendet noch absorbiert und nur aufgrund ihrer Gravitationseffekte eingeschätzt werden kann. Eine andere kürzlich entdeckte verblüffende Tatsache ist, dass die Galaxiengruppen des sichtbaren Universums sich nicht nur ausdehnen, sondern auch in ständig zunehmendem Maß voneinander fortbewegen.

Ich werde hier aus der Galerie der Forscher, Astronomen und Kosmologen des 20. Jahrhunderts nur einige erwähnen, die Beiträge zur Entwicklung unserer

Kosmologie geleistet haben. Die meisten Astrophysiker der Gegenwart akzeptieren die „Urknalltheorie" über die Evolution des Universums, die besagt, dass es vor über 15 Milliarden Jahren in einer Explosion entstand, die Brian Swimme alternativ als „aufflammende Urkraft" bezeichnet hat. Nicht alle Kosmologen unterstützen dieses Urknallmodell eines sich entfaltenden Universums. Einstein selbst hielt ursprünglich ein unbewegtes Universum aus einheitlich verteilter Materie für wahrscheinlicher, ließ diese Sichtweise jedoch später fallen und favorisierte ein Modell von Zyklen, die sich zwischen der Ausdehnung durch Urknall und dem „Big-Crunch"-Kollaps bewegen.

Ein bekannter Verfechter des Gleichgewichts des Universums ist der englische Kosmologe *Fred Hoyle,* der dafür bekannt wurde, dass er mit seinen Kollegen die Anordnung der Elemente in Sternen mittels der Nukleosynthese erarbeitete. Hoyle unterstützte auch die Idee der Panspermie, die besagt, dass das Leben auf dem Planeten Erde auf Viren zurückgehe, die von Kometen gestreut wurden – dies aufgrund der intrinsischen Unwahrscheinlichkeit, dass es sich in der frühen unbelebten Umgebung auf dem Planeten spontan entwickelt haben könnte.

Ein anderer bekannter englischer Astrophysiker des frühen 20. Jahrhunderts war *Arthur Eddington*, der als erster bewies, dass das interstellare Gleichgewicht durch die interaktive Balance zwischen Erdanziehung und Abstrahlung aufrechterhalten wird, und der richtig erkannte, dass die Kernschmelze von Wasserstoff zu Helium die Quelle der Sternenenergie ist. Eddington war eindeutiger Anhänger von Einsteins Gravitationsheorie und organisierte 1919 eine Expedition zur Beobachtung einer Sonnenfinsternis, bei der er die vorausgesagte Lichtkrümmung durch das Gravitationsfeld der Sonne messen konnte.

Der amerikanische Astronom *Edwin Hubble*, der in den 1920er Jahren mit einem 2,5 Meter langen Teleskop auf dem Mount Wilson arbeitete, machte als erster auf die Existenz anderer Galaxien außerhalb unserer Milchstraße aufmerksam – und erweiterte unsere Kosmologie dadurch entscheidend. Hubble nutzte den proportionalen Zusammenhang zwischen der Rotverschiebung und der Entfernung, im Einklang mit Einsteins Relativitätstheorie, um die Entfernung der Galaxien zu messen.

Wichtige Entdeckungen in der Kosmologie des 20. Jahrhunderts gehen auch zurück auf *George Gamov*, der über die Prozesse beim Entstehen von Sternen und über die Urknalltheorie forschte; *James Van Allen*, der die torusförmigen geladenen Plasmagürtel entdeckte, welche die Erde in Tausenden von Kilometern Höhe umgeben, angezogen vom Magnetfeld der Erde; *Stephen Hawking*, der trotz seiner Behinderung durch eine degenerative Nervenkrankheit fähig war, durchschlagende signifikante Theorien zu formulieren, die sich mit gravitationsbedingten Singularitäten und den Charakteristika schwarzer Löcher befassen.

An den Schluss dieses Kapitels stelle ich die Arbeit des Astrophysikers *Carl Sagan*, der wichtige Einsichten und Vorhersagen über die Eigenschaften von Planeten und Monden unseres Sonnensystems lieferte, die später von Satelliteninformationen bestätigt wurden, und dessen Forschungsarbeiten darauf hinwiesen, dass die lebensnotwendigen Aminosäuren möglicherweise in der noch jungen Erde erzeugt wurden, indem die chemischen Grundbausteine massiver Strahlung ausgesetzt waren.

Sagan wurde zum Verfechter der Suche nach außerirdischem Leben mit dem SETI-Projekt und zum aktiven Kriegsgegner, der vor den weltweiten Gefahren des radioaktiven Fallouts durch Atomenergieprojekte und Atomwaffenproduktion warnte. Außerdem war Sagan ein beredter und begeisterter Vermittler der neuen Paradigmen und Entdeckungen in der Kosmologie; er kombinierte den Weg des Wissenschaftlers mit dem des Lehrers/Vermittlers in zahlreichen Büchern, Vorlesungen, Fernsehprogrammen und Filmen. Über ein Schlüsselerlebnis, das er als Fünfjähriger hatte, schrieb er:

> Ich bat die Bibliothekarin, mir ein Buch über Sterne zu geben ... Und die Antwort war überwältigend. Ich erfuhr, dass die Sonne ein Stern sei, aber ganz nah. Die Sterne hingegen seien Sonnen, lägen aber so weit entfernt, dass man sie nur als winzige Lichtpunkte wahrnehmen kann ... Das gesamte Spektrum des Universums breitete sich plötzlich vor mir aus. Es war eine Art religiöse Erfahrung. Sie war so wunderbar, so großartig und so umfassend, dass ich sie nie wieder vergessen habe. Nie wieder.. (Carl Sagan, *A Life*, S. 168)

# 4
# Der Heiler, der Schamane, der Therapeut, der Friedensstifter

Diesen Weg beschreiten diejenigen, die daran arbeiten, beschädigte Strukturen zu reparieren und das gesunde Funktionieren einzelner Organismen und Familien ebenso wie ganzer Gemeinschaften und Gesellschaften wieder herzustellen, indem sie das Gleichgewicht wieder herstellen und Konflikte schlichten. Die Wissensdisziplin des Heilers ist die Medizin, die er sich durch eine spezialisierte Ausbildung und Lehre aneignet. In einigen nordamerikanischen Traditionen bezieht sich das Wort *Medizin* auch auf die Heilkräfte, die ein Individuum auf dem Weg des Heilers durch Initiation oder Prüfung erlangt. Der oberste Wert des Heilers, sowohl auf der Ebene des Individuums als auch auf der familiären, gemeinschaftlichen oder gesellschaftlichen Ebene, ist *Ganzheit und Harmonie.*

- Dies ist der Weg der Jünger des Hippokrates, die geloben, *„vor allem keinen Schaden zuzufügen"*, und sich darum bemühen, die der Natur innewohnenden Heilkräfte zu stärken. Ebenso ist es der überlieferte Weg der weisen Hexen, Hebammen, Kräuterkundigen, Gärtner, Botaniker und Mykologen, die sich mit den Pflanzen und Pilzen – nährenden, medizinischen, giftigen und solchen mit visionärer Wirkung – auskennen, sie kultivieren, würdigen und auseinanderhalten.
- der Weg der Schamanen aller Kontinente, die sich auf innere Reisen in Welten der außergewöhnlichen Realität begeben und die Heilkräfte ihrer verbündeten Ahnengeister, Tiergeister, Pflanzengeister und Ortsgeister anrufen.
- der Weg der Amazonas-Heiler, die *Ayahuasca* trinken, einen Tee, der aus der heiligen Liane hergestellt wird, und dabei *Icaros* singen, um ihre heilenden Geister anzurufen; und der Weg der *Curanderas*, wie die Mazatekin Maria Sabina, die den heiligen Pilz *Teonanácatl* essen und dabei die Heilgesänge der Geister singen; und der Weg der zeitgenössischen Heiler und Ärzte, die Entheogene und

Empathogene als Unterstützung benutzen, um Traumata durch Missbrauch und Krieg zu heilen.

- der Weg der chinesischen Akupunkteure, die versuchen, den Energiefluss von *Yin* und *Yang* entlang den Körpermeridianen von Blockaden zu befreien, ihn zu stärken und auszugleichen; und der Weg der Praktizierenden des indischen *Ayurveda*, die Kräuterheilmittel, Diät und Körperarbeit miteinander verbinden, um die Balance zwischen den drei konstitutionellen Grundkräften *Vata, Pitta* und *Kapha* herzustellen.
- der Weg der Schüler des Alchemisten Paracelsus, die versuchen, die *Signaturen* der Natur hinter den Körpersymptomen zu entschlüsseln, und die das Grundprinzip anerkennen, dass „die Dosierung den Unterschied zwischen Gift und Heilmittel ausmacht".
- der Weg der Ostheopathen und Chiropraktiker, derjenigen, die Posturale und Strukturelle Integration anwenden, der Körperarbeiter, Massagetherapeuten und der Touch-for-Health-Praktizierenden – all jener, die ihre Hände dazu einsetzen, physische Strukturen und Funktionen auszurichten, ins Gleichgewicht zu bringen und zu harmonisieren.
- der Weg der *homöopathischen* Mediziner, die Samuel Hahnemann folgen und sein Ähnlichkeitsprinzip anwenden, um Heilmittel aus Pflanzen und Mineralien zu finden, die zu submolekularen Konzentrationen verdünnt den eigenen inneren Heilungsprozess des Körpers in Gang setzen.
- der Weg der Ärzte, die zwar die Funktion infektiöser Keime anerkennen, aber dennoch Claudes Bernards Ansatz folgen, dass ein gesunder Körper aufgrund seines ausgeglichenen *„milieu intérieur"* gegen Infektionen resistent ist.
- der Ärzte, die sich der Arbeit von Hans Selye anschließen, der als erster das *allgemeine Adaptationssyndrom* entdeckte und beschrieb, das auf seine Beobachtung zurückgeht, nach der Personen mit unterschiedlichen Krankheiten unter dem Einfluss von Stress ähnliche Symptome zeigen.

Selye entdeckte und dokumentierte, dass sich Stress von anderen physischen Reaktionen dadurch unterscheidet, dass er als belastend empfunden wird, je nachdem ob man gute oder schlechte Informationen empfängt und ob der Impuls positiv oder negativ ist. Er identifizierte die *Hypothalamus-Hypophysen-Nebennieren-Achse* als das System, durch das der Körper positiven oder negativen Stress bewältigt. Formuliert man die Diagnose einer Krankheit als Zusammenbruch oder Erschöpfung der Anpassung, so lässt sich die Heilungstheorie mit der Evolutions- theorie verbinden, wofür eine natürliche Selektion der Adaptionsmerkmale von Organismen erforderlich ist.

In der heutigen Zeit erleben wir die erneute Entwicklung einer ganzheitlichen und ausgewogenen Betrachtungsweise in der Medizin, die sowohl östliche und westliche, traditionelle und moderne heilkundliche Systeme als auch neue Forschungs- und Messinstrumente einbezieht. Zu den bekanntesten Vertretern gehören Andrew Weil, der eine *ganzheitliche Medizin* für Körper, Seele und Geist formuliert hat; Deepak Chopra, der ein seelisch-körperliches Wellnessprogramm entwickelt hat, das sowohl Ayurveda als auch Meditations- und Yogaanleitungen umfasst; der ehemalige Neurochirurg und Spezialist für die Behandlung chronischer Schmerzen, Norman Shealey, der seinen Ansatz und seinen Unterricht durch feinenergetische Medizin und spirituelle Heilmethoden ergänzt hat; und Richard Gerber, dessen Buch *Vibrational Medicine* eine klare und gut verständliche Zusammenfassung seines neuen Paradigmas für Medizin und Heilung liefert.

### Wissenschaftliche Erkenntniswege im Zusammenhang mit Heilung

Die einen fokussieren sich auf die Anwendung der Medizin; die anderen betreiben auch oder vor allem Grundlagenforschung, wodurch sie unsere Kenntnisse erweitern und zur Heilung beitragen. Das ist der Weg von Chemikern und Biochemikern wie Louis Pasteur, der die Funktion der ansteckenden Krankheitserreger entdeckte; von Physiologen wie Walter Cannon, der das Prinzip der Homöostase formulierte, des selbstregulierenden, ausgleichenden Prozesses in natürlichen Systemen; von Mikrobiologen wie René Dubos, der uns ein vertieftes Verständnis mikrobieller Krankheiten ermöglichte und sich darüber hinaus für ausgewogene Beziehungen zwischen Mensch und Umwelt einsetzte („global denken, lokal handeln"); von Genetikern wie Francis Crick und Kary Mullis (beide führten ihre wichtigsten Einsichten auf LSD-Erfahrungen zurück), deren Entdeckungen zu einem neuen Verständnis führten, das die Behandlung genetisch bedingter Krankheiten möglich machte.

## Mythische Figuren im Zusammenhang mit den Heilkünsten

Im antiken Griechenland galt *Äskulap* als Gott der Heilung; sein Erkennungszeichen war der Stab mit der darum gewundenen Schlange, der die zentrale Achse des Rückenmarks und die sie umschlingende Lebensenergie im gesunden Körper symbolisierte. Seine Tochter war *Hygieia*, von deren Name sich der moderne Begriff der Hygiene ableitet, die eine wesentliche Komponente eines gesunderhaltenden Lebensstils ist.

In vielen Kulturen wird auch die Gottheit, die mit Kindern und dem Gebären assoziiert wird, verehrt und um Unterstützung und Trost bei der Heilung angerufen – dazu gehören die chinesische *Guanyin*, die ägyptische *Isis*, die tibetische *Tara*, die irische *Brigid*, die griechische *Artemis*, die *Ixchel* der Maya und viele andere. Im afro-brasilianischen Orixa-Kult ist die für Heilung zuständige Gottheit *Ossaím*, ein zurückgezogenes und melancholisches Wesen, das alleine in Gesellschaft von Tieren und Vögeln im Wald lebt und große Kenntnisse über Heilkräuter besitzt. Er wird einbeinig und einarmig dargestellt, da sein Körper bei einem Kampf zweigeteilt wurde. Die einbeinige Form ist ein altes Symbol für die Struktur eines Baumes oder einer Pflanze, die für gewöhnlich einen Stamm aufweist und sich dadurch von der zweibeinigen Grundform des Menschen oder der vierbeinigen Tierform unterscheidet.

## Wege des Heiler-Kriegers

Die Funktion des Kriegers oder Wächters besteht darin, die Unversehrtheit der Natur und des Sozialsystems vor Eingriffen durch giftige oder störende Elemente oder Kräfte zu schützen. Im gesunden Organismus wird diese Funktion vom Immunsystem übernommen, um mikrobielle, bakterielle und infektiöse virale Erreger abzuwehren oder zu neutralisieren, genauso wie die Aufgabe eines Wächters oder Ordnungshüters darin besteht, eine Gemeinschaft vor Kriminalität zu schützen, und dem Militär die ursprüngliche Rolle zukommt, eine Gesellschaft gegen Übergriffe von außen zu verteidigen.

Immunologie ist die Wissenschaft, die sich damit befasst, wie der Organismus sich selbst gegen Pathogene schützt und wie man Immunisierungen zur Prävention potenzieller Infektionen einsetzt. Der Medizinpädagoge und -historiker Dana

Ullman hat darauf hingewiesen, dass bei Immunisierungen das homöopathische *Ähnlichkeitsprinzip* angewendet wird: Man verabreicht eine geringe Dosis eines abgeschwächten Pathogens, um das Abwehrsystem des Körpers zu stärken und somit der Krankheit vorzubeugen, die durch eine größere Dosis ausgelöst werden würde. Bei der Behandlung von Allergien wird dasselbe Prinzip verfolgt, indem man kleine Dosen allergener Wirkstoffe verabreicht, um den Organismus zur Produktion der spezifischen Antikörper anzuregen, die erforderlich sind.

Man könnte auch behaupten, dass chirurgische Methoden, bei denen ein Krebstumor oder ein krankes Organ entfernt wird, Ausdruck der schützenden Funktion des Kriegers sind – eine Parallele, die erkennbar wird, wenn Militäroffiziere von „operativen Eingriffen" sprechen, um ihre Einsätze zu beschreiben. Andere Arten der Chirurgie, wie das Reparieren und die Rehabilitation gebrochener Knochen und verletzter Muskeln, bringen eher die klassischen Funktionen des Heilers – das Wiederherstellen und Instandsetzen – zum Ausdruck.

### Initiation – der verwundete Heiler und der genesende Süchtige

In einigen schamanischen Kulturen gibt es die Tradition, dass zu den Ausbildungserfahrungen eines Heilers Krankheiten, Verletzungen oder Wahnsinn gehören, in deren Verlauf das Individuum eine Art initiatorischer Öffnung oder Berufung zu einem umfassenderen Bewusstsein und zur Kraft des Heilens erfährt. Die Initiation kann durch einen älteren Verwandten oder Heiler von außen geleitet werden oder sie kann durch einen rein innerlichen Kontakt mit spirituellen Verbündeten geschehen. Dieser Initiationskontakt mit der geistigen Welt kennzeichnet dann den Beginn einer Ausbildungsphase, worin der Einzelne die Methoden dieser Heiltradition erlernt. Der peruanische Ayahuasca-Schamane Pablo Amaringo hat beschrieben, wie er unwillig dazu gebracht wurde, den Weg des Ayahuasca-Heilers einzuschlagen, nachdem er einige sehr unangenehme Erfahrungen gemacht hatte, bei denen ihm ein älterer Schamane geholfen hatte.

Zeitgemäß ausgedrückt, kommen der Initiationswahnsinn oder pathologische Erfahrungen vielleicht eher bei Psychiatern und Psychologen vor, die sich auf mentale und emotionale Störungen spezialisiert haben, als bei Ärzten, welche die üblichen körperlichen Erkrankungen behandeln. Ich weiß von einigen meiner

Kollegen unter den Psychologen, dass sie zu einem gewissen Zeitpunkt in ihrem Leben vorübergehend Episoden des geistigen Zusammenbruchs erlebt haben. Ich selbst litt in meinen jungen Jahren an einer traumatischen Depression – was zweifellos meine Motivation anregte, den Weg des Heilers zu beschreiten. Zu einer Art Initiationserkrankung kann es auch im Zusammenhang mit der Behandlung von Alkohol- und Drogenabhängigkeit kommen, wobei gut nachvollziehbar ist, dass diejenigen Personen Alkoholikern und Süchtigen am besten beim Entzug helfen können, die selbst erfolgreich einen Entzug durchgemacht haben. Bill Wilson gründete das Zwölf-Schritte-Programm und die Bewegung der *Anonymen Alkoholiker* auf der Grundlage seiner eigenen Entzugserfahrung, die durch eine Erfahrung von Tod und Wiedergeburt ausgelöst worden war. Der AA-Prozess anerkennt in Schritt eins, von welch ausschlaggebender Bedeutung es ist, die Machtlosigkeit über die Sucht einzugestehen, und in Schritt drei, eine höhere spirituelle Macht um Hilfe zu bitten.

## Psychiater, Psychotherapeuten und Heiler des Körper-Geists

Während die Heiler der orientalischen und schamanischen Traditionen nicht zwischen der Medizin für den Körper und derjenigen für den Geist unterscheiden, durchliefen die heilerischen Disziplinen und Praktiken in der modernen westlichen Welt den Prozess der Zergliederung und Spezialisierung von Wissenssystemen, der auf die wissenschaftlichen Revolutionen des 17. Jahrhunderts folgte. In unserer Zeit haben etliche herausragende Pioniere neue Wissensfelder ausfindig gemacht und neue Praktiken entwickelt, die Generationen von psychischen Heilern inspiriert und geleitet haben. Dazu gehören:

- die Schüler und Anhänger von Sigmund Freud, welche die Methode der Psychoanalyse verwenden, um die verborgenen Wurzeln der *Libido* neurotischer Abwehrmechnismen und zwischenmenschlichen Konflikten ins Licht des Bewusstseins zu holen.
- die Schüler und Praktizierenden der analytischen Psychologie von Carl Gustav Jung, die daran arbeiten, das Ego, die *Persona*-Maske, den unbewussten Schatten sowie Anima/Animus in die Ganzheit des Selbst während des Individuationsprozesses zu integrieren.
- die Studenten und Anhänger von Wilhelm Reich, die mit Methoden der direkten Berührung arbeiten, um den muskulären Abwehrpanzer zu lockern und

die pulsierenden, heilenden *Orgon*-Energien des Organismus zu befreien. Viele zeitgenössische Formen der psychosomatischen Medizin, die mit Bioenergetik und feinstofflichen Energien arbeiten, indem sie heilsamen Körperkontakt oder bestimmte Geräte verwenden, sind aus dem erstmals von Reich entwickelten Ansatz entstanden oder basieren darauf.

- die Hypnotherapeuten nach Milton Erickson, der subtile, indirekte und dennoch wirksame Methoden der Tranceerzeugung entwickelte, um den Menschen dabei zu helfen, ihre inneren Heilfähigkeiten zu nutzen.
- die modernen Nachfolger der traditionellen Schamanenheiler, die Substanzen verwenden, die von entheogenen Pflanzen oder Pilzen stammen (oder neu synthetisiert wurden), um seelische Probleme in der psychedelischen oder psycholytischen Therapie zu bearbeiten.
- die Praktizierenden der Methode des *Holotropen Atmens* von Stanislav Grof, die tiefsitzende zurückbleibende Prägungen aus der perinatalen und der pränatalen Periode unseres Lebens zugänglich macht und auflöst, wodurch sich unerwartete Türen zu transpersonalen, spirituellen Ebenen des Bewusstseins öffnen.

### Heilung der Beziehung zwischen Mensch und Umwelt

Da das Überleben und die Weiterentwicklung der Menschen sowie auch anderer Spezies davon abhängt, wie gut oder schlecht sie sich an ihre Umwelt anpassen, sind Heilung und Ganzheit des Einzelnen untrennbar mit dem gesunden Zustand ihrer Umwelt verbunden. In den indigenen und ganzheitlichen asiatischen Heiltraditionen gilt Nahrung als Medizin, und zum Weg des Heilers gehört auch die Auseinandersetzung mit Ernährung und Umweltgiften.

In der modernen Welt, die von mechanistisch-industriellen Produktionssystemen beherrscht wird, gehen die wachsende Zersetzung und Verschmutzung der Luft, des Wassers und des Bodens zunehmend mit degenerativen Erkrankungen und verschiedenen sozial bedingten Störungen einher. Daraus können wir ersehen, dass auch die nachhaltige Lebensführung und deren Bewahrung durch Permakultur, Erdbodensanierung, ökologische Landwirtschaft, Gewässerschutz und die Reduktion oder Vermeidung von Umweltgiften natürliche Erweiterungen und Bedeutungen des Wegs des Heilers sind.

### Der Heiler als Friedensstifter

Der Begriff von „Gesundheit“ (engl. „health“) ist mit dem Begriff „Ganzheit“ (engl. „wholeness“) verbunden. Zu den Lebenswegen der Heiler, die sich mit Gesundheit und Ganzheit beschäftigen, gehört es, unausgewogene und widersprüchliche Elemente im Organismus des Einzelnen zu balancieren und in Einklang zu bringen. Dementsprechend besteht die Arbeit der Friedensstifter in der Lösung von Konflikten und Ungerechtigkeiten in Familien, Gruppen, Gemeinschaften und Gesellschaften.

So wie das Prinzip, *keinen Schaden zuzufügen*, die Basis der heilerischen Ethik ist, bildet die *Gewaltlosigkeit*, in den indischen Traditionen als *ahimsa* bezeichnet, die ethische Grundlage von Konfliktlösungen auf allen Ebenen. Der Weg des Heilers ist also auch der Weg für

- die systemischen Familientherapeuten, die Konflikte reduzieren, indem sie den Menschen zeigen, wie sie die wesentliche Rolle eines jeden Mitglieds in einem harmonisch funktionierenden Familiensystem erkennen und sich darauf einstimmen können;
- diejenigen, die wie Marshall Rosenberg daran arbeiten, die gewaltfreie Kommunikation und die Konfliktlösung in Gruppen, Organisationen und Unternehmen zu unterstützen, indem sie die Zusammenarbeit unterschiedlich talentierter Individuen im Hinblick auf ein gemeinsames Ziel oder eine gemeinsame Sache fördern;
- diejenigen, die sich mit der Aufgabe befassen, gegensätzliche und konkurrierende Interessen in Beziehungen zwischen Gemeinschaften und Staaten auszugleichen, indem sie sich auf Diplomatie, Verhandlungen, Abkommen und Verträge statt auf Gewalt und Krieg berufen. Beispiele für eine solche Friedensarbeit sind die auf Gemeinschaften basierenden Wahrheits- und Versöhnungskommissionen in Südafrika, bei dem die Opfer der Apartheid über ihre Erfahrungen berichteten und die Täter sie anhörten, wofür man ihnen im Austausch eine Amnestie anbot;
- diejenigen, die sich für mehr Gerechtigkeit und Gleichberechtigung in der Gesellschaft einsetzen, indem sie Methoden praktizieren und vermitteln, die auf gewaltfreiem Widerstand, zivilem Ungehorsam und dem Kampf durch

Verweigerung der Zusammenarbeit basieren, um die tief verwurzelten Herrschaftssysteme zu überwinden und die Demokratie einzuführen.

Zu den herausragenden Persönlichkeiten unserer Zeit, die den gewaltlosen Kampf praktiziert und den Weg aufgezeigt haben, gehören Mahatma Gandhi, Martin Luther King, Nelson Mandela, Desmond Tutu, Aung San Suu Kyi, Oscar Arias Sanchez, der Dalai Lama, Rigoberta Menchú – und viele andere, welche die Lehren von Jesus Christus beispielhaft umgesetzt haben, der in seiner Bergpredigt sprach: „Selig sind die Friedfertigen; denn sie sollen Gottes Kinder heißen."

# 5
# Der Lehrer, der Historiker, der Sozialwissenschaftler, der Journalist

In alten Zeiten und in indigenen Kulturen war der Lehrer und spirituelle Führer auch der Geschichtenerzähler, der die Traditionen des Stammes und der Gemeinschaft mündlich weitergab. In traditionellen Kulturen erzählten die Älteren der jüngeren Generation Geschichten, um ihren Nachkommen ein Verständnis der Welt mitzugeben und eine moralische und praktische Weltanschauung zu vermitteln, die darauf basierte, dass sie den historischen Ursprung ihres Volkes und ihrer Welt erkannten.

Die polynesisch-hawaiianischen *Kahunas*, die Hüter der Erinnerung, konnten zum Beispiel Zehntausende von Quadratkilometern ohne Karte oder Kompass über den Ozean navigieren, indem sie ihre Boote an den wechselnden Konstellationen ausrichteten, die in den traditionellen Liedern beschrieben waren. In seinem Buch *The Bowl of Light* („Die Schale aus Licht") schildert der Anthropologe Hank Wesselman seine Unterhaltungen mit dem ehrwürdigen Ältesten der hawaiianischen *Kahunas*, Hale Makua, worin dieser über seine Ausbildung berichtet, in der er lernte, sich die Namen, Reisen und Lehren von über zwanzig Generationen seiner königlichen Vorfahren einzuprägen.

Diejenigen spirituellen Lehrer, die andere auf ihrem Weg zur Befreiung und zur Entwicklung eines höheren Bewusstseins anleiten, sind vielleicht in ihrer Gemeinschaft auch als Heiler tätig, sofern ihre Lehren mit einer Heilpraxis verbunden sind. Einige bieten vielleicht Unterricht in Methoden der Yoga oder Meditation an, im Rahmen einer der vielen spirituellen Traditionen dieser Welt. In den asiatischen Traditionen des Hinduismus und des Buddhismus hat die Rolle des *Gurus* als einer Person, die anleitet und einen Weg vorgibt, der alle Aspekte des Lebens vereint, durch den Prozess der Übertragung in die westlichen Kulturen, die sich stärker am Individuum orientieren, einen kontroversen Charakter erhalten. Auseinandersetzungen und Probleme, was den Missbrauch von Macht, Geld und Sex durch spirituelle Lehrer und Gurus betrifft, spielen in der öffentlichen Meinung eine große Rolle. Aus diesem Grund bleiben möglicherweise einige führende Lehrer, die sich mit spiritueller Entwicklung befassen, mehr oder weniger im Verborgenen, unterrichten kleine Anhängergruppen und verdienen den Lebensunterhalt für sich und ihre Familien in einem ganz anderen Beruf.

In der heutigen Zeit unterscheidet man den Weg des Erzählers oder des künstlerischen Schriftstellers, der fantastische Geschichten erzählt, vom Weg des Erzählers historischer Geschichten, der dokumentierte Erzählungen oder Ereignisse der Vergangenheit aufschreibt. Man könnte sagen, dass der Journalist oder der Fotojournalist, der seine eigenen, unmittelbaren Beobachtungen aktueller Ereignisse niederschreibt und/oder fotografisch festhält, auch den Weg des Lehrers beschreitet. Historiker müssen ebenso wie Journalisten die Disziplin der genauen Analyse, Differenzierung, Interpretation und Einschätzung der primären und sekundären Quellen einhalten, damit ihre Leser sie ernst nehmen.

Natürlich kommt der Historiker nicht umhin, eine eigene Einstellung zu den schriftlich dokumentierten Ereignissen zu entwickeln, insbesondere wenn es dabei um die Geschichte der eigenen Kultur und Gesellschaft geht. Während die wissenschaftliche Disziplin einer unvoreingenommenen Haltung gegenüber dokumentierenden Quellen unverzichtbar ist, sollte ein Historiker-Autor vernünftigerweise auch seine eigene Perspektive und Einstellung beschreiben und anmerken, wie beispielsweise Howard Zinn in seinen Schriften über die amerikanische Geschichte. Wie er zu seiner Einstellung als engagierter Historiker und Aktivist gelangte, beschrieb Zinn in seinem autobiographischen Werk *You Can't be Neutral on a Moving Train* („In einem fahrenden Zug kann man nicht neutral sein") – ein Titel, der sowohl die Möglichkeit als auch die Aufgabe des historischen Beobachters zeitgenössischer Ereignisse zusammenfasst.

Die Lebensgeschichte eines einzelnen Individuums am Ort und zur Zeit seiner Existenz ist Aufgabe der *Biografie* und der *Autobiografie*. Psychologen und Ärzte, die versuchen, Verletzungen, Krankheiten und Konflikte des Einzelnen zu verstehen und zu heilen, fragen nach seinem persönlichen Hintergrund. Wir können zum Beispiel fragen „Wie und wann trat dieses Problem in Ihrer Geschichte zum ersten Mal auf?“ Da Lernen immer durch „Versuch und Fehler“ stattfindet, können wir nicht darauf hoffen, uns irgendeine neue Fähigkeit oder Kenntnisse anzueignen, solange wir unsere Fehltritte nicht erkennen. Die eigene persönliche und familiäre Geschichte sowie die Geschichte unserer Gruppe oder Gesellschaft zu verstehen, ist eine essenzielle Voraussetzung für das Lernen und für Wachstum. In den Worten des spanisch-amerikanischen Philosophen George Santayana: „Wer sich nicht seiner Vergangenheit erinnert, ist verurteilt, sie zu wiederholen.“

Der Weg des Lehrers ist natürlich mit allen anderen Lebenswegen verknüpft. Die Heiler, die Künstler, die Krieger, die Wissenschaftler, die Baumeister – sie alle werden bei der Ausübung ihres Berufs auch häufig damit zu tun haben, ihre Studenten oder Auszubildenden in dem Wissen und den Praktiken des jeweiligen Weges zu unterrichten. Individuen unterscheiden sich stark in ihrer Neigung, entweder zu unterrichten oder ihre Fähigkeiten und Künste einfach anzuwenden. Manche Ärzte sind von Natur aus talentierte Heiler, die damit zufrieden sind, ihre spezielle Heilkunst auszuüben; andere fühlen sich eher dazu berufen, Medizinstudenten zu unterrichten oder schriftliche Werke zu verfassen. Wieder andere zieht die Forschungsarbeit in ihrem Gebiet mehr an als die Praxis – was sich mit dem Weg des nach Wissen suchenden Forschers überschneiden würde.

In meinem eigenen Beruf als Psychologe und Psychotherapeut verspürte ich immer den Wunsch, ein Gleichgewicht zwischen den Wegen des Lehrens/Schreibens, der heilenden Therapie und der Grundlagenforschung aufrechtzuerhalten. Ich kenne Kollegen, die sich ganz auf die psychotherapeutische Praxis beschränken, fünf Tage in der Woche, zwanzig oder fünfundzwanzig Stunden – ein Lebensweg, den ich persönlich als unausgeglichenen empfinden würde. Ich kenne auch Kollegen, die begnadete Lehrer sind, sich jedoch weder zur Forschung noch zur Praxis hingezogen fühlen. Ein alter Freund von mir, Paul Lee, war Dozent für antike Geschichte an der University of California in Santa Cruz, wo er aufgrund seines engagierten und theatralischen Unterrichtsstils außerordentlich beliebt bei den Studenten war. Da er jedoch nicht bereit war, akademische Schriften zu verfassen und zu publizieren, wurde er zum Opfer des universitären Laufbahnsystems, versinnbildlicht durch das Motto „Wer schreibt, der bleibt".

## Geschichte, Evolution und Kosmologie

Geschichte, Evolutionsbiologie und Kosmologie sind allesamt Formen des Geschichtenerzählens. Die von uns als Evolutionsbiologie bezeichnete wissenschaftliche Disziplin könnte man *Naturgeschichte* nennen, wie es früher der Fall war. Was wir als Menschheitsgeschichte bezeichnen, ist Evolutionsgeschichte, auf den Zeitraum menschlicher Kulturen und Gesellschaften bezogen, während die Evolutionsbiologie die Geschichte der lebenden Ökosysteme der Erde ist und die Evolutionskosmologie die Geschichte des Universums.

Genauso wie Evolutionsbiologen die Geschichte des Lebens auf diesem Planeten und die Anpassung der Organismen an sich ändernde Umweltbedingungen und Lebensräume analysieren, indem sie die in Steinen und Bäumen festgehaltenen Spuren und die genetischen Signaturen verfolgen, so untersuchen Historiker, wie sich menschliche Kulturen und Zivilisationen im Laufe der Evolution angepasst haben, indem sie den Zeugnissen in Dokumenten, Artefakten und Monumenten nachgehen. Der Historiker konzentriert seine Aufmerksamkeit und sein sorgfältig beobachtendes Vorgehen vielleicht auf die Lebensgeschichte eines bestimmten Stammes oder einer Volksgruppe, einer Stadt oder einer Region; oder er untersucht und dokumentiert die Entwicklungsgeschichte einer Kunstform oder einer Kulturbewegung.

Einige Historiker oder Geschichtsphilosophen, vor allem Oswald Spengler und Arnold Toynbee, haben Zivilisationen – und nicht Nationalstaaten oder ethnische Gruppen – als Einheiten für die historische Analyse definiert. Spengler geht in seinem Buch *Der Untergang des Abendlandes* davon aus, dass Zivilisationen gleichsam einen biologischen Lebenszyklus aufweisen, der von Wachstum und Zerfall geprägt ist und typischerweise ungefähr tausend Jahre dauert. Arnold Toynbee untersuchte, in seinem 13-bändigen Werk *A Study of History (Der Gang der Weltgeschichte),* 21 Zivilisationen und schloss daraus, dass die Zivilisationen Phasen von Entstehen, Wachstum und Zerfall durchliefen, je nachdem, wie sie auf die Veränderungen reagierten, mit denen sie konfrontiert waren.

In ihrem großartigen Buch Die *Autobiographie des Universums* ordnen der Kulturhistoriker Thomas Berry und der Kosmologe Brian Swimme die Menschheitsgeschichte auf dem Planeten Erde in den größeren, von der Evolutionsbiologie und der Kosmologie vorgegebenen Entwicklungskontext ein. Sie sind der Auffassung, dass dies der integrative Gründungsmythos für die globale Zivilisation ist, die heute im Entstehen begriffen ist und die alten religiösen Mythen von Sünde, Verdammnis und ähnliche auf den Menschen zentrierten Glaubenssysteme ersetzen wird.

Swimme und Berry beginnen mit der „leuchtenden Urkraft" (ihr Begriff für das sonderbare Ereignis, das von Physikern, die der herkömmlichen Auffassung folgen, als „Urknall" bezeichnet wird) und präsentieren Kapitel über Galaxien, Supernovas, die Sonne, die lebendige Erde, Eukaryoten, Pflanzen und Tiere, das Auftreten des Menschen, das neusteinzeitliche Dorf, klassische Zivilisationen, das Aufkommen der Nationen und eine „Neue Offenbarung". Durch ihre Betrachtung des Evolutionszeitraums kommen Berry und Swimme zu dem Schluss, dass wir uns dem Ende der Erdneuzeit oder des *Känozoikums* nähern (Zeitalter der Säugetiere und blühenden Pflanzen), das vor 65 Millionen Jahren begann (nach dem durch einen Meteoriteneinschlag ausgelösten Verschwinden der Dinosaurier), und dass wir uns in ein *ökozoisches* Zeitalter bewegen, das geprägt ist von der Wahrnehmung, Erhaltung und Wertschätzung der Diversität und der wechselseitigen Abhängigkeit allen Lebens auf der Erde.

## Mythologie, Geschichte und Archäologie

Die Historiker sind Anhänger der Muse Klio, deren Ziel es ist, die Geschichte einer ausgewählten Gruppe, Gemeinschaft oder Gesellschaft zu verstehen und zu vermitteln, um das angesammelte überlieferte Wissen und die Fähigkeiten, die mit dem Leben auf der Erde zusammenhängen, weiterzugeben. Wie wir gesehen haben, gibt es eine Vielzahl von Überschneidungen zwischen dem Weg der Klio und dem der Kalliope, der Muse der Dichtkunst. Zur Zeit, als sich das Schreiben verbreitete, wurden die alten mündlich überlieferten Verse niedergeschrieben, so dass diese dann ein kulturelles Vermächtnis und einen Beitrag zur *Ethnosphäre* der Erde darstellen. Die Erzählungen der epischen Dichter wurden wiedergegeben, überarbeitet und als historische Geschichten mehrfach von aufeinanderfolgenden Generationen festgehalten.

Die antiken erzählenden Dichter wie Homer haben nicht zwischen der Kunst des Geschichtenerzählens und derjenigen der Geschichtsschreibung unterschieden. Es blieb dann späteren Historikern und Archäologen überlassen, herauszufinden, dass einige der lebhaften Berichte Homers über Schlachten und seine Ortsbeschreibungen tatsächlich auf nachweisbare Tatsachen zurückzuführen sind. Der englische Dichter, Schriftsteller und Mythologe Robert Graves hat in seinem Buch *The Greek Myths (Griechische Mythologie)* die Verbindung hergestellt zwischen den Namen und Erzählungen in den antiken Mythen und dem heutigen Wissen über die Regionalgeschichte der Mittelmeervölker und Stadtstaaten. Die alten Mythen werden auf diese Weise mit der nachweisbaren Überlieferung dieser Region in Zusammenhang gebracht.

Nachfolgende Historikergenerationen werden möglicherweise von einer grundverschiedenen Weltanschauung ausgehen und aufgrund völlig anderer Prämissen zwischen Realität und Imagination unterscheiden. Die Botschaften und Anleitungen, die den Figuren Homers offenbar regelmäßig von Göttern oder Göttinnen zuteil wurden, mit denen sie in Verbindung standen, werden von modernen Gelehrten als Produkte der dichterischen Erfindung abgetan. Ein bekannter klassischer Gelehrter hat sogar behauptet, dass Homers Figuren auditive Halluzinationen hatten und dass sie, als sie mit den Göttern zu kommunizieren glaubten, in Wirklichkeit das erlebten, was wir heute als „Stimmen hören" bezeichnen. Andere drücken sich etwas freundlicher aus, indem sie vielleicht sagen, dass solche göttlichen Eingebungen Metaphern für intuitive Einsichten sind, die das menschliche Wesen empfangen hat.

Doch sogar die als normal anerkannte moderne Sicht auf die antike Geschichte ist Gegenstand radikal andersartiger Interpretationen abseits der etablierten akademischen Lehrmeinung. Der israelische Gelehrte und mehrsprachige Linguist für antike Sprachen, Zachariah Sitchin, behauptet beispielsweise in seinem mehrbändigen Werk *Earth Chronicles (Chroniken des Planeten Erde)*, dass es sich bei den „unsterblichen Göttern" der antiken Heldengedichte, Inschriften und Keilschrifttexte eigentlich um äußerst langlebige und auf mehreren Bewusstseins- und Realitätsebenen agierende menschenähnliche Wesen gehandelt habe, die von den außerirdischen Annunaki abstammten und tatsächlich auf eine Weise mit gewöhnlichen Menschen von der Erde interagierten und kommunizierten, die späteren Generationen offensichtlich rätselhaft vorkam.

In meinem Buch *Der Brunnen der Erinnerung* habe ich die mythischen Wurzeln der westlichen Weltanschauung erläutert, insbesondere die Mythologie der nordeuropäischen germanischen und keltischen Völker, die im Vergleich zu den griechischen und römischen Mythen, die von der westlichen Kunst der Renaissance aufgesogen wurden, relativ unbekannt ist. Ich habe über die vorchristliche Mythologie und über den Schamanismus der prähistorischen indoeuropäischen Stämme in Nordeuropa geschrieben und ihre animistische, naturbezogene Weltanschauung den transzendenten theistischen Vorstellungen des Christentums gegenübergestellt, die – darauf haben Umwelthistoriker hingewiesen – der ausbeuterischen, dominanten Einstellung zur Natur, die für die moderne Welt charakteristisch ist, den Weg geebnet haben.

Eine noch tiefere, frühere Ebene der prähistorischen Tradition wurde durch die Entdeckungen der Archäologin Marija Gimbutas erschlossen. Sie nennt ihr neuentdecktes Forschungs- und Lehrgebiet *Archäomythologie* – und interpretiert archäologische Funde im Licht der mythopoetischen, animistischen Weltanschauung der alten Völker. In einem Gebiet, das Gimbutas *Alteuropa* nennt, gab es Kulturen, deren Existenz Tausende von Jahren bis zu den Anfängen der Jungsteinzeit zurückreichte. Diese Kulturen kannten weder das Patriarchat noch Kriege, und ihre Kunst war der Ausdruck einer Weltanschauung, für die alles in der Natur lebendig ist und eine spiritueller Intelligenz besitzt. In ihrem außergewöhnlichen Werk *Die Sprache der Göttin,* das Ashley Montague als „Meilenstein in der Zivilisationsgeschichte" bezeichnete, fasst Gimbutas ihre Schlussfolgerungen wie folgt zusammen:

> Die Göttin symbolisierte in ihren sämtlichen Erscheinungsformen die Einheit allen Lebens in der Natur. Ihre Macht wohnte dem Wasser, den Steinen, den Grotten und Höhlen, Säugetieren und Vögeln, Schlangen und Fischen, Bergen, Bäumen und Blumen inne. So erklärt sich auch die holistische und mythenbildende Vorstellung vom heiligen und geheimnisvollen Wesen all dessen, was auf Erden ist. [...]

> Die parthenogenetische Göttin ist [...] die in den archäologischen Zeugnissen der alten Welt über die längste Periode hinweg belegbare Erscheinung [...]
>
> Sie beherrschte die religiöse Vorstellung der Menschen in Europa vom Beginn des Paläolithikums und im Mittelmeerraum sogar noch bis weit in die Bronzezeit hinein. Die nächste Phase, in der die patriarchalen Kriegergötter nomadisierender Hirten die matristischen Göttinnen und Götter verdrängten oder in ihrem Pantheon assimilierten, bildete eine Übergangsstufe vor der Zeit des Christentums, das sich durch die strikte Ablehnung der alten Werte und Überzeugungen auszeichnete. (*Die Sprache der Göttin,* S. 112)

## Die Richtigstellung der Bezeichnungen in der Geschichtsschreibung

Die Rekonstruktion unserer Kenntnisse des prähistorischen Europa durch Marija Gimbutas ist ein Beispiel dessen, was in der konfuzianischen politischen Philosophie des alten China als „Die Richtigstellung der Bezeichnungen" bezeichnet wurde. Dieses Konzept – *zheng ming* – und die damit verbundenen Methoden galten als wesentlicher korrigierender Prozess für eine wohlgeordnete Gesellschaft. Soziale Fehlordnungen führte man auf ein gestörtes Realitätsverständnis, ein Scheitern in der Wahrnehmung und in der Auseinandersetzung mit der Wirklichkeit zurück – auf die Unfähigkeit, die Dinge beim richtigen Namen zu nennen. Konfuzius zufolge hatte der Gesetzgeber die Verantwortung, dafür zu sorgen, dass die erzählten Geschichten wahrheitsgetreu weitergegeben wurden, da es sonst zu Störungen der harmonischen Funktionsweise einer Gesellschaft und zu Konflikten kommen konnte. In unserer modernen Gesellschaft könnte man sagen, dass Historiker und Journalisten die Verantwortung tragen, über die Wahrheiten, die sie erkennen, zu berichten, so dass wir uns selbst richtig sehen und unser Leben in Einklang mit der Realität leben können.

Individuen, Gemeinschaften und Gesellschaften erzählen die Geschichten, die für ihr Leben sinnvoll sind und die ihre Handlungen rechtfertigen. Verändern sich die Bedingungen, zum Beispiel durch Krieg und Verfolgung, müssen neue Geschichten erzählt und niedergeschrieben werden. In meinem Buch *Das mystische Grün* beschreibe ich die verschiedenen Sorten von Mythen und Geschichten, die mit kulturellen Übergängen und Veränderungen zusammenhängen. Eine Sorte sind die Mythen, mit denen Invasionen und Herrschaft gerechtfertigt werden sollten – Eroberer und Herrscher finden stets ehrbare Gründe für ihre Handlungen und Haltungen. Homers Erzählung in der *Ilias* über die zehn Jahre lang andauernde Belagerung von Troja, formuliert diesen Krieg als Rache für die Entführung der schönen Helena mit dem Gesicht „das tausend Schiffe in Bewegung setzte", durch den trojanischen Prinzen. Spätere Historiker, mit mehr Skepsis, neigten eher zu der Auffassung, dass vor allem die Gier nach dem legendären Gold von Troja im Vordergrund stand – eine weniger edle und heldenhafte Motivation für die Belagerung.

Ebenso schrieben die antiken Historiker wie Herodot, Thukydides, Tacitus und andere verständlicherweise aus der Perspektive des Eroberers oder des Siegers. Der römische Feldherr Julius Caesar, der seine Militärfeldzüge in Gallien und im Römischen Bürgerkrieg schriftlich dokumentierte, fasste die Geschichte eines seiner Feldzüge mit dem berühmten lapidaren Spruch *Veni, vidi, vici („ich kam, ich sah, ich siegte")* zusammen – womit er grundsätzlich feststellte, dass er als militärischer Feldherr genau das getan hatte, womit er beauftragt war. Nach seiner Rückkehr übertrug oder gewährte man ihm in Rom die Regierungsmacht, woraufhin er von einer Gruppe empörter Senatoren ermordet wurde – zum Schutz der Republik, wie sie behaupteten.

Dies ist die offizielle Version, wie sie als Legende und geschichtliches Ereignis immer wieder dargestellt worden ist. In einer schlüssigen Neubewertung des politisch-wissenschaftlichen Historikers Michael Parenti, *Die Ermordung von Julius Caesar,* erscheint Caesar als politischer Reformer, der von einer Clique wohlhabender konservativer Grundbesitzer ermordet wurde, deren Hauptinteresse die Wahrung ihrer Besitztümer war. Parenti führt an, dass Caesars Ermordung einen ausgedehnten Bürgerkrieg und den Niedergang der 500-jährigen Republik auslöste sowie den Aufstieg der absolutistischen Herrschaft, welche die Geschicke Roms und Westeuropas über mehr als tausend Jahre bestimmen würde.

W. H. Prescotts berühmte *Geschichte der Eroberung von Mexiko* und seine *Geschichte der Eroberung von Peru* reflektierten – obwohl er die damals bekannten Dokumente gewissenhaft und mit Sorgfalt verwendete – offensichtlich die

Vorurteile der europäischen kolonialen Eroberer des 19. Jahrhundert. In unserer Zeit hat der uruguayische Journalist und Schriftsteller Eduardo Galeano einen außergewöhnlichen Beitrag zur „Richtigstellung der Bezeichnungen" in der Geschichte Lateinamerikas geleistet. Seine bekanntesten Arbeiten, die Trilogie *Memoria del fuego (Erinnerung an das Feuer)* und *Las venas abiertas de América Latina (Die offenen Adern Lateinamerikas)* verbinden Geschichte, Journalismus und politische Analyse, indem sie die Erfahrungen der Eroberten und Enteigneten wiedergeben. Galeano beschreibt seine Aufgabe als Schriftsteller folgendermaßen: „Als Schriftsteller bin ich besessen davon, mich zu erinnern, mich an das Amerika der Vergangenheit zu erinnern, vor allem an Lateinamerika, jenes vertraute Land, das zum Verlust des Gedächtnisses verdammt ist."

Der *Archipel Gulag* von Alexander Solschenizyn ist ein erzählerisches Exposé in drei Bänden über das sowjetische System der Arbeits- und Konzentrationslager, das auf Augenzeugenberichten sowie grundlegenden Recherchen und Dokumenten basiert. Es wurde im Geheimen während der Sowjetherrschaft in Russland niedergeschrieben, in den frühen 1970er Jahren im Westen veröffentlicht und liefert einen umfassenden Bericht über ein groß angelegtes brutales Gefängnissystem auf der Grundlage von Gewalt, Verhaftungen und Massenmord. Seine Publikation – zunächst durch russische Untergrundmedien und schließlich auf Englisch – markierte einen Wendepunkt in der internationalen Wahrnehmung des politischen Regimes der sowjetischen Kommunisten. Das Wort „Archipel" steht für das geheime System aus Lagern, die sich wie eine riesige Kette von Gefängnisinseln über die ganze Sowjetunion verteilten und nur denjenigen bekannt waren, deren Los es war, sie aufzusuchen, sowie ihren Wärtern.

Howard Zinns Bestseller *A People's History of the United States (Eine Geschichte des amerikanischen Volkes)* nimmt eine ähnliche „Richtigstellung der Bezeichnungen" in der nordamerikanischen Geschichte vor, indem er sich nicht auf Entdecker und militärische Feldherren oder auf die Schachzüge der Politiker bezieht. Stattdessen beruht seine Geschichte auf den Erzählungen der amerikanischen Ureinwohner, der Afro-Amerikaner, der Frauen, der Geringverdienenden und der eingewanderten Arbeiter, derjenigen, die gegen Herrschaft und Ausbeutung Widerstand geleistet und gekämpft haben. Zinn, der sowohl Bühnenautor als auch Gesellschaftsaktivist war, schrieb über seine Erfahrung der Bombardierung der deutschen Zivilbevölkerung durch die amerikanische Luftwaffe im Zweiten Weltkrieg, die ihn dazu veranlasste, seine Unterstützung für die herrschende nationalistische Ideologie zu hinterfragen und zum engagierten Historiker und Lehrer zu werden.

Was die Geschichte der USA betrifft, so bemühen sich wenige Lehrbücher – besonders die an *Highschools* eingesetzten – um eine gerechte oder richtige Darstellung der Eroberung und Unterwerfung der indianischen Urbevölkerung. Die Doktrin der sogenannten „Manifest Destiny" (ein nichtssagendes Konzept, – was für andere Schicksale gibt es denn?) wurde als Deckname für die rücksichtslose Expansion der amerikanischen imperialen Präsenz in beiden Teilen Amerikas, auf Hawaii, auf den Philippinen und in anderen Gebieten benutzt.

Einige Historiker haben sich jedoch für den korrigierenden Prozess der Richtigstellung der Bezeichnungen und Begriffe im Zusammenhang mit der amerikanischen Geschichte eingesetzt. Hans Koning schrieb zum Beispiel ein beredtes kurzes Werk namens *The Conquest of America – How the Indian Nations Lost Their Continent* („Die Eroberung Amerikas – wie die indianischen Völker ihren Kontinent verloren"). David Stannard lieferte mit *American Holocaust – Columbus and the Conquest of the New World* („Der amerikanische Holocaust – Kolumbus und die Eroberung der Neuen Welt") eine umfassende und erschreckende Dokumentation über die Vernichtung von mehr als 100 Millionen Angehörigen der Urbevölkerung auf dem süd- und nord-amerikanischen Kontinent, sowohl durch offensichtliche Gewalt aber auch durch eingeführte Seuchen. Stannard schreibt, dass die imperialistische Eroberungsideologie bis heute noch immer gefährlich lebendig ist und militärische Interventionen in Südostasien und im Mittleren Osten entfacht.

Noam Chomsky, Professor für Linguistik am MIT, hat seine außergewohnlichen analytischen Fähigkeiten über Jahrzehnte hinweg in Dutzende von umfassend dokumentierten Büchern und Vorlesungen einfließen lassen, um das imperialistische Programm hinter den politischen Interventionen und der vermeintlich wohltätigen, im Grunde jedoch ausbeuterischen Wirtschaftspolitik Amerikas aufzudecken und zu kritisieren. Sein Lebensweg ist wie der von Stannard, Parenti, Zinn, Gaelano und Solschenizyn eine Mischung aus dem Pfad des Historikers und des kritischen Reformers.

### Historische, anthropologische und sozialwissenschaftliche Perspektiven

Unsere Kenntnisse der Vergangenheit erstrecken sich bis in die Tiefen früherer Zeiten, aufgrund der geschriebenen und neu geschriebenen Geschichte, der Überlieferungen schriftloser Kulturen in Form von Heldensagen, der archäologischen Untersuchung von Artefakten und Gebäuden, bis hin zur ungeschriebenen Vorgeschichte der menschlichen Existenz auf der Erde. Vor etwa 12000 bis 10 000 Jahren gelang den Kulturen der Jungsteinzeit die Kultivierung von Getreide und die Domestizierung von Tieren wie Schafen, Ziegen und Rindern. Menschen, die Hunderte oder Tausende von Jahren in herumziehenden Gemeinschaften als Jäger und Sammler gelebt hatten, begannen sich nun als Sesshafte in Dörfern anzusiedeln, wurden Hirten, Gärtner und Bauern, stellten Werkzeuge und Artefakte her, erfanden die Weberei und die Töpferkunst, bauten Häuser aus Holz und Lehm, widmeten sich der Malerei und der Bildhauerei.

Forschung und Lehre in den Fachgebieten Kulturanthropologie, Soziologie, Sozialpsychologie, Politikwissenschaften, Wirtschaftswissenschaften sowie alle Variationen journalistischen Schreibens vermitteln uns Kenntnisse über die Gegenwart des Menschen und darüber, wie sich seine Organisationsform in Stämmen, Gemeinschaften, Gesellschaften, Nationen und Städten über die ganze Erde verbreitet hat. Ich erwähne im Folgenden einige Autoren aus den Gebieten der Sozialwissenschaften und der Zeitgeschichte, die unser Verständnis der Welt maßgeblich beeinflusst haben, indem sie neue Sichtweisen zur Verfügung gestellt haben, die uns die Welt aus einer tiefgründigen historischen Perspektive und bereichert durch persönliche Erfahrung betrachten lassen:

- der Anthropologe *Michael Harner*, der die alte Methode der schamanischen Reise, bei der es um die Verbindung mit lebendigen Geistwesen geht, aus der akademischen Geringschätzung befreit und in die zeitgenössische Welt gebracht hat – als lernbare Praxis, die Individuen dazu befähigen kann, Heilung und Führung für sich selbst und ihre Gemeinschaft zu erlangen.

- die baskische Folkloristin und Anthropologin *Angeles Arrien,* die durch ihre interkulturellen Studien sowie ihre Vermittlung von Divinations- und Heiltraditionen zu einer neuen Wertschätzung der kulturübergreifenden Weisheitstraditionen im Kontext des von ihr so genannten vierfachen Wegs – des Kriegers, des Lehrers, des Heilers und des Visionärs – beigetragen hat..
- der Mythologe und Philosoph *Michael Meade,* der in seinen Büchern wie *The Water of Life* („Das Wasser des Lebens") und *Fate and Destiny* („Schicksal und Bestimmung") packende Erzählungen zahlreicher Kulturen zu einem magischen Netz vergessener Weisheit webt, das den Weg aus Schicksal und Bestimmung erhellt, den er als „die beiden Vereinbarungen der Seele" bezeichnet.
- die Evolutionsbiologin, wissenschaftliche Autorin und Futuristin *Elisabet Sahtouris,* die in ihren Werken *Earthdance – Living Systems in Evolution* („Tanz der Erde – Lebende Systeme in der Evolution") und *Biology Revisioned* („Biologie neu formuliert", mit Willis Harman) stark zum landläufigen Verständnis der Bedeutung und Tragweite von Evolutionskonzepten beigetragen hat, insbesondere in Bezug auf die Evolution des Bewusstseins.
- der Sozialpsychologe und selbsternannte „Cheerleader der Evolution", *Timothy Leary,* der seine ungestüme irische Begabung für Sprache und satirischen Humor mitbrachte, um über das außerordentlich heilsame und kreative Potenzial bewusstseinserweiternder Substanzen zu berichten, womit er die kulturellen Revolutionen der 1960er Jahre erhellte und beschleunigte. Learys Lebensweg war eine Mischung aus Sozialwissenschaftler, Forscher und kritischem Krieger.
- der Psychologe *Richard Alpert,* der nach der Bewusstseinserweiterung mit psychedelischen Substanzen einen indischen Lehrer aufsuchte, der ihn im spirituellen Yoga sowie im Bhakti-Yoga der liebenden Hingabe unterrichtete. In seiner neuen Identität als Ram Dass brachte er diese Lehren der freudigen, hingebungsvollen Meditation und des Chantens in den Westen, indem er das alte Mantra *Be Here Now* („Sei Jetzt Hier") praktizierte.
- der Politikwissenschaftler *Peter Phillips,* der zusammen mit Studenten der Journalistik an der Sonoma State University wichtige Nachrichten, die nicht in den Medien erschienen waren, untersucht und in den Jahrbüchern *Censored – Sourcebook for the Media Revolution* publiziert. Die Berichte der *Censored*-Projektteams tragen maßgeblich zur „Richtigstellung der Bezeichnungen" in der

aktuellen Medienforschung bei. Sie stellen eine Kombination aus dem Weg des Lehrers und des kritischen Kriegers dar.

- der Forscher und Ethnobotaniker *Wade Davis*, der mit seinen Büchern und Fotosammlungen aus unzähligen verschiedenen Kulturen auf der ganzen Welt einen immensen Beitrag zur Bewahrung des Pflanzenwissens und der Lebensstile indigener Völker geleistet hat. Davis' Weg ist eine Kombination des Forschers/ Wissenschaftler mit dem des Lehrers/Erziehers.
- die Umweltphilosophin und buddhistische Lehrerin *Joanna Macy*, die tief wirksame heilende Gruppenprozesse entwickelte, die mit „Durch Verzweiflung zur Kraft", „Zurück ins Leben kommen" und „Denken wie ein Berg" arbeiten, und Buddhismus, Systemtheorie sowie Tiefenökologie damit verbindet. Ihr Lebensweg kombiniert den Weg des Lehrers mit dem des Heilers von Gemeinschaften und Friedensstifters.
- *Starhawk*, die sich selbst als heidnische „Hexe" bezeichnet, eine weise kriegerisch-kritische Aktivistin, ökofeministische Geschichtenerzählerin und Zeremonienmeisterin, die das Wiederaufleben des gemeinschaftsbildenden rituellen Spiraltanzes begründete, sowie erdenbezogene spirituelle Praktiken entwickelt hat und Gruppen in gewaltfreien Straßenaktionen ausbildet.
- der Umweltpsychologe *Paul Shepard*, der die Kulturpathologie der westlichen Zivilisation in *Nature and Madness* als eine Art aufgehaltene Entwicklung identifizierte, eine „ontogenetische Lähmung", und der in *Coming Home to the Pleistocene* zu einer Wiederverbindung mit den Entwicklungsritualen der Jäger- und Sammlerkulturen aufrief, um die gestörten Beziehungen zu heilen, welche die Zivilisation uns auferlegt hat. Seine Arbeit kombiniert die Wege des Historikers, des Anthropologen und des sozialen Heilers.
- der systemische Familientherapeut und ehemalige Priester *Bert Hellinger*, der in seinen Beobachtungen und Schriften über generationenübergreifende Familienkonstellationen aufzeigte, dass dysfunktionale Familien zu friedvollen Lösungen finden können, wenn die Identität und die Stellung jeder einzelnen Person des Systems erkannt und akzeptiert wird, so dass Geben und Nehmen im Ausgleich sind. Seine Arbeit kombiniert den Weg des Lehrers mit dem des Heilers.
- der existentialistische Psychiater *Ronald D. Laing*, ein weiterer Therapeut/ Heiler, der gleichzeitig Sprachanalytiker und Lehrer war. Er erkannte das aus

Fehlkommunikationen und verborgenen Annahmen bestehende Gewebe des „Wahnsinns im Alltagsleben". Diese verursachen Stress und Störungen in Individuen, Familien und Gruppen. Laing plädierte für einen Ansatz, der einer sogenannten wahnsinnigen Person den Respekt zollt, zu erkennen, dass die Gesellschaft, an die sie sich anzupassen versucht, eigentlich wahnsinnig ist.

Zum Abschluss zitiere ich eine Passage aus dem futuristischen Roman *Far Out and Far Away* von Johnny Dolphin (Pseudonym des innovativen Biosphäre-2-Erfinders und Theoretikers John Allen), die eine passende Beschreibung unserer Situation liefert. Die Person, die in der Erzählung *Klio* heißt, wie die Muse der Geschichte, fasst die Lektionen einer potenziell explosiven Konfliktsituation zusammen:

> Wir könnten enorm viel Chaos anrichten. Die Geschichte erzählt uns vieles über die menschlichen Schwächen und einiges über ihre Stärken. Letzten Endes entscheidet bei einem aufkommenden Sturm derjenige, der gerade Wache hat, ob das Schiff weitersegelt, vom Unwetter zerschlagen wird oder sinkt. Und wir sind es, die Wache haben auf diesem Schiff, in diesem Sturm, der sich zusammenbraut. (*Far Out and Far Away*, S. 216)

# 6
# Der Krieger, der Beschützer, der Reformer, der Aktivist

Dies ist der Weg derjenigen, die sich darum bemühen, die Unversehrtheit und das Wohlbefinden aller natürlichen Systeme zu beschützen und zu verteidigen – eines einzelnen Organismus, einer Gruppe, einer Gemeinschaft, einer Gesellschaft, eines Ökosystems – gegen Bedrohungen von außen (durch Infektion, Eindringen oder Unterdrückung) sowie durch Bedrohung von innen (durch Korruption, Vergiftung oder Stagnation). Dies ist der Weg des Soldaten, der ein Land im Kampf verteidigt; des Polizisten, der detektivische Fähigkeiten und Verteidigungskräfte einsetzt, um die Ordnung in einer Gemeinschaft zu bewahren; des Anwalts, der das Justizsystem nutzt, um Verbrechen und Korruption zu bekämpfen; des Reformers und Bekämpfers der Sklaverei, der sich für Gerechtigkeit und Gleichheit in einer Gesellschaft einsetzt; des Aktivisten, der für den Umweltschutz arbeitet; der Weg des Revolutionärs, des Befreiers, des Freiheitskämpfers, des Friedensstifters. Es ist nicht nötig, dass wir in jedem Konflikt mit den Zielen oder Methoden des Kriegers/Aktivisten übereinstimmen, um diejenigen zu erkennen und zu würdigen, die sich für die freie Entfaltung des Lebens, des menschlichen wie des nicht-menschlichen, in all seiner Vielfalt einsetzen. Der höchste Wert des Kriegers/Beschützers ist die Wahrung der Freiheit, und seine Disziplinen sind die verschiedenen Arten der *Strategie.*

Vorgänge und Funktionen, die für eine bestimmte Lebensform erhaltend/förderlich und für andere zerstörerisch oder ausbeuterisch sind, sind in der Natur allgegenwärtig. Pflanzen, Pilze und Insekten scheiden Gifte aus, entwickeln scharfe Spitzen und ungenießbare Haut, um sich gegen Tiere zu schützen, die nach Futter suchen. Fleischfressende Reptilien, Säugetiere und Greifvögel jagen und töten andere Tiere, um sie zu essen. Einige Säugetiere und männliche Primaten kämpfen gegeneinander, um an die Weibchen zu kommen und ihre Territorialgebiete zu beschützen. Sowohl Wettkampf als auch kooperatives Verhalten gehören zum evolutionären Erbe der Spezies Mensch. Das richtige Gleichgewicht zwischen ihnen zu finden, während die zerstörerischen Exzesse der Gewalt, der Dominanz und des Räubertums in Grenzen gehalten oder neutralisiert werden, stellt die zentrale Herausforderung beim Übergang von der Barbarei in eine zivilisierte soziale Ordnung dar.

Es heißt, dass das instinktiv gefährlichste wild lebende Tier eine Säugetiermutter ist, die ihr Junges beschützt. In menschlichen Familien und kleinen Stammesgruppen gibt es jedoch üblicherweise eine Rollenteilung zwischen der nährenden Frau im Zentrum und dem beschützenden Mann, der die Grenzen bewacht. In traditionellen Gesellschaften ist, wie wir gesehen haben, der Krieger-Beschützer eine der vier Grundrollen, in die Menschen hineingeboren wurden oder die ihnen übertragen wurden, neben dem Priester/Lehrer, dem Kaufmann/Händler oder dem Arbeiter/Diener.

Während der letzten paar tausend Jahre in der Geschichte waren die Kriegerkasten gleichzeitig die Gesetzgeber und Monarchen, welche die soziale Ordnung begründeten und mit Hilfe von Waffengewalt aufrechterhielten. In den modernen faschistischen und proto-faschistischen Systemen setzen sich militärische Gesetzgeber mit Waffengewalt gegen ihre eigene Bevölkerung durch, was unvermeidlicherweise zu endlosen blutigen Aufständen geführt hat. Obwohl inzwischen demokratische und parlamentarische Regierungsformen existieren, sind kontinuierliche Wachsamkeit und politischer Kampf notwendig, um die soziale Ordnung aufrechtzuerhalten und vor dem Rückfall in systemische Gewalt zu bewahren.

An anderer Stelle habe ich beschrieben, wie systemische Verschärfungen der Herrschaft, der Gewalt und des Krieges die politische Ökonomie moderner Gesellschaften in unterschiedlichem Grade durchdringen konnten.

> Während der Faschismus den systemischen politischen Ausdruck von Herrschaft innerhalb einer Nation darstellt, ist der systemische Ausdruck von Herrschaft in den internationalen Beziehungen der Imperialismus/Kolonialismus. Invasion, Enteignung (Plünderung), Kolonisierung und

> Krieg waren der *Modus operandi* der Herrscher, von den archaischen Kriegsherren über die absolutistischen Monarchien des Mittelalters bis zu den erdumspannenden Konzernimperien der modernen Zeit. Derartige Angriffskriege, Invasionen und Plünderungen entsprechen kriminellen Handlungen („bewaffneter Raub", „Gewalt und Körperverletzung", „Einbruch und Diebstahl") auf der Ebene internationaler Beziehungen. Ein Verhalten, das auf Gemeindeebene mit Strafen belegt ist, wird auf der nationalen Ebene als angemessene politische Strategie betrachtet, als *Realpolitik* (*Die Wurzeln von Krieg und Herrschaft,* S. 43).

Wir sollten uns eindeutig klar darüber werden, dass offensive und invasive Kriegführung sowie Gewalt gegen andere Individuen, Gruppen oder Staaten, getrieben von Gier und Streben nach Macht, eine Perversion und Korruption des wahren Wegs des Kriegers ist. *Die essenzielle Funktion des Beschützers/Kriegers ist auf allen Ebenen beschützend, aber nicht zerstörerisch, defensiv, aber nicht aggressiv, strategisch, aber nicht lebenszerstörend.*

### Der Krieger-Heiler: Die Integrität des Organismus verteidigen

Auf der Ebene des Organismus nimmt das Immunsystem die kriegerische Verteidigungsfunktion als Aspekt der Selbstheilung wahr. Als Reaktion auf infektiöse Mikroben, Bakterien, Viren oder Toxine mobilisiert das Netzwerk der Lymphknoten und -gefäße – unterstützt durch Leber, Thymus, Milz, Knochenmark und Blinddarm – weiße Blutkörperchen, um Eindringlinge ausfindig zu machen, anzugreifen und zu zerstören. Vieles von dem, was wir äußerlich als „Symptome" wahrnehmen (das Fieber, die laufende Nase, der Durchfall) sind eigentlich Signale dafür, dass der Organismus eine Abwehrhandlung gegen einen eindringenden Organismus mobilisiert, der als „Nicht-Selbst" oder als fremd aufgefasst wird.

Die Abwehrreaktionen des Immunsystems, die zum einen Teil angeboren und zum anderen Teil als Reaktion auf die Herausforderungen durch eine sich verändernde Umwelt angeeignet sind, werden grundsätzlich in drei Phasen unterteilt: Erkennen eines Signals, Mobilisierung von Ressourcen und Gegenangriffe. Sogar auf der interzellularen Ebene erkennt die Medizin die Abwehrfunktion der vom Immunsystem produzierten Antikörper an. Aus Proteinen bestehende Antikörper

(Immunoglobuline genannt) passen auf die spezifischen molekularen Strukturen der Antigene und verhindern deren zerstörerische Wirkung wie ein Schlüssel, der eine Tür verriegelt. Proteinmoleküle, die man Zytokine nennt, wirken als Botschafter, um die Verteidigungsmechanismen des Immunsystems in Gang zu setzen und zu koordinieren.

Bei *Autoimmunerkrankungen* wie Lupus, Myasthenia gravis, rheumatischer Arthritis, perniziöser Anämie und anderen identifiziert das Immunsystem einige Komponenten seines eigenen Körpersystems fälschlicherweise als fremd und attackiert diese. Auf der kollektiven menschlichen Ebene könnte man dies mit der dominierenden machthabenden Schicht einer Gesellschaft vergleichen, die andere Bevölkerungsschichten angreift und unterdrückt, worauf diese im Gegenzug mit Revolution und Rebellion reagieren – dies führt schließlich zum Zusammenbruch der zivilisierten Ordnung.

Bei *allergischen Krankheiten*, auch hypersensitive Reaktionen genannt, handelt es sich um eine Überreaktion des Immunsystems mit selbstschädigenden Folgen, bei der dieses auf gewöhnliche Umwelteinflüsse (z.B. Staub, Pflanzenpollen, bestimmte Drogen oder Nahrungsmittel) reagiert, die es irgendwie als antigen oder allergen zu identifizieren begonnen hat. Solche potenziellen allergischen Reaktionen reichen von einer schwachen Intoleranz, die als Reizung der Augen auftritt, begleitet von Husten und Niesen, bis zum Extremfall eines potenziell tödlichen anaphylaktischen Schocks. Auf der kollektiven menschlichen Ebene ist dieses Spektrum allergischer Reaktionen vergleichbar mit dem Spektrum giftiger zwischenmenschlicher Reaktionen, das von misstrauischer Intoleranz gegenüber den „Anderen", Vorurteilen, Diskriminierung und Paranoia bis hin zu den Extremen der Religionskriege und des Rassenkampfes reicht.

Eine Kombination des Kriegers mit dem Heiler und dem Kommunikator auf kollektiver Ebene stellen beispielsweise die Ärzte und Mitarbeiter der Gesundheitsämter dar, die gegen Epidemien und Pandemien infektiöser und ansteckender Krankheiten kämpfen. In solchen Kriegen müssen sowohl die virulenten oder bakteriellen Krankheitserreger als auch ihre Ausbreitung und Übertragung identifiziert werden. Diese Befunde und die schützenden Gegenmittel müssen dann so schnell und so effizient wie möglich durch die Massenmedien verbreitet werden. Der amerikanische Film *Contagion* („Ansteckung“) zeigt eine zeitgenössische dramatische Version dieser Art von globaler Krankheitsbekämpfung.

### Initiationen und Mutproben des Kriegers

In einigen indigenen Gesellschaften gibt es die Tradition einer Mutprobe zur Initiation, um zu prüfen und zu demonstrieren, dass der Krieger in der Lage ist, Schwäche und anhaltenden Schmerz zu überwinden. Während der Zeremonien des Sonnentanzes bei den Prärie-Indianern tanzen die jugendlichen Krieger stundenlang ohne Wasser in der Mittagssonne, während sie durch Widerhaken in ihrem Fleisch mit Schnüren an einem Pfahl in der Mitte festgebunden sind. Die kultischen Kriegertraditionen der alten germanischen Berserker, der Samurai in Japan oder der Ritterorden im mittelalterlichen Europa kannten und praktizierten verschiedene Formen der Initiation durch Mut- und Kampfproben.

Zur Initiation in den Weg des heroischen Kriegers gehörte in vielen alten Kulturen ein Eid der spirituellen Hingabe an eine Gottheit und ganz sicher ein Eid der Treue zu einem Anführer oder Herrn. Ein Treueeid signalisiert die bedingungslose Hingabe des Kriegers im Dienste der Verteidigung des Landes oder der Nation – bis in den Tod. Als Beispiel der totalen Hingabe für die Verteidigung des eigenen Volkes gilt der Ausspruch des berühmten Sioux-Kriegers Crazy Horse, der in der Morgendämmerung des Tages, an dem es zur Schlacht kommen sollte, zu seinen Kameraden gesagt haben soll: „Heute ist ein guter Tag zum Sterben.“

Heutzutage gehören zur Aufnahme ins Militär üblicherweise auch *Bootcamps*, Trainingslager, die Mutproben ähneln und die Entwicklung von Kampffähigkeiten, Kraft und Ausdauer fördern sowie das Einfügen in die Hierarchie vor Ort trainieren sollen. Hier wird die Feuerprobe als Teil des Ausbildungswegs eines Soldaten in der Berufsarmee moderner Nationalstaaten akzeptiert. Die permanente tägliche Konfrontation mit der Brutalität und den tödlichen Folgen des Krieges kann für den Einzelnen traumatisch sein, jedoch ebenso die Kameradschaft der Krieger stärken und vertiefen, die Kopf und Kragen füreinander opfern.

Die Initiationsmutprobe eines Kriegers wird nicht immer ausgesucht. Sie kann jedoch unter Verhältnissen der Tyrannei oder der Unterdrückung eintreten, wenn jemand zu Unrecht gefangengenommen und gefoltert wird und dann in einem Befreiungskampf zu den Waffen greifen muss. Der widerstrebende Krieger muss dann lernen, seinen instinktiven Abscheu gegen das Töten zu überwinden, um das Leben seiner Verwandten und der Mitglieder seiner Gemeinschaft zu verteidigen.

Transformationen, die Feuerproben ähneln, kommen auch vor, wenn Soldaten aus dem Krieg zurückkehren und von traumatischen Erinnerungen verfolgt werden, die ihre Reintegration in die zivile Gesellschaft blockieren. Als Belastung auf dem Weg des Kriegers zeigte sich dies in den irischen Mythen von Cú Chulainn und im griechischen Mythos von Herkules; sie konnten beide ihre mörderische „Kampfwut" nicht bremsen und töteten ihre eigenen Verwandten. Während dieses Buch entsteht, leiden alleine in den Vereinigten Staaten über 300 000 Kriegsveteranen aus Vietnam, dem Irak und Afghanistan an einer Posttraumatischen Belastungsstörung (PTSD), Dutzende begehen jeden Monat Suizid, und immer häufiger ermorden heimkehrende Soldaten ihre Familienmitglieder.

Die Schwierigkeiten der Reintegration traumatisierter Veteranen in ihre Gemeinschaft und ihre gewöhnliche Menschlichkeit überfordern öfters die öffentlichen Gesundheitseinrichtungen, haben jedoch auch einige vielversprechende therapeutische Initiativen angeregt. Einige haben begonnen, als Ergänzung zur Psychotherapie bei Traumata mit der empathogenen Substanz MDMA zu arbeiten. Der Mythologe Michael Meade und seine Kollegen haben „Welcome Home"-Workshops und Zeremonien des Geschichtenerzählens (wie sie im preisgekrönten Film *The Welcome* gezeigt werden) ins Leben gerufen, bei denen die Wiederverbindung traumatisierter Krieger mit ihrer Gemeinschaft ermöglicht und gefeiert wird.

### Mythische Götter auf dem Weg des Kriegers

In der Antike wurde der griechische Gott *Ares* (oder *Mars* bei den Römern) von Kämpfern verehrt und angerufen, damit seine Wildheit und sein Mut auf sie übergehen möge. Einige Krieger aus Homers Heldensagen, wie Odysseus, baten lieber die Göttin *Pallas Athene* um Unterstützung, da sie ihr strategisches Kalkül schätzten. Im nordischen Pantheon ist *Odin/Wodan* der weise Führergott, der Einsicht und Strategie verwendet, um seine Feinde zu besiegen, während *Thor* als hammerschwingender Gott des Blitzes und des Donners stets für einen guten Kampf zu haben ist.

Auch weibliche Göttinnen können mit Zerstörung und Töten in Verbindung gebracht werden. Im alten Ägypten gab es die löwenköpfige *Sachmet*, die Beschützerin des Volkes, des Landes, der Frauen und Kinder, doch wenn man sie provozierte oder beleidigte, verfiel sie in zerstörerische Raserei und brachte Krankheit, Tod und Verwüstung. In der hinduistischen Mythologie gibt es *Kali*, die Gemahlin des yogischen Gottes Shiva, die auch mehrere Formen annimmt: als Parvati ist sie Shivas Gefährtin und die Mutter des gütigen, elefantenköpfigen Ganesha, doch als *Kali Durga* ist sie ein blutrünstiger, rasender Tornado der Zerstörung, trägt eine Halskette aus abgeschnittenen Köpfen und schwingt zahlreiche Schwerter mit ihren vielen Armen.

### Nahkampfdisziplinen: Kampfkünste in Sport und Kommerz

Jede Kultur hat Nahkampfdisziplinen entwickelt, einige mit Waffen und andere mit den bloßen Händen, bei denen man die Fähigkeit zu kämpfen als Sport ausübt und entwickelt, während ihr Potenzial zu töten durch das strenge Befolgen der Regeln der jeweiligen Kampfform neutralisiert wird.

Das reicht vom afrikanischen Stockkampf, dem tanzähnlichen brasilianischen *Capoeira*, dem amerikanischen Kickboxen, dem chinesischen *Wu Shu*, dem japanischen *Jiu Jitsu* und dem *Karate* sowie den historischen europäischen Formen des Fechtens mit scharfen Waffen bis hin zum Zen-ähnlichen *Aikido*, bei dem meditative Stille sich abwechselt mit fließenden Bewegungen und Drehungen, die den Gegner aus dem Gleichgewicht werfen, manchmal mit minimalem Kontakt zwischen den Kämpfern.

Viele dieser Kampfformen werden aufgrund ihrer nachweisbar positiven Auswirkungen auf die seelische und körperliche Gesundheit, Kräftigung, Beweglichkeit und Konzentration ausgeübt. Einige Kampfkünste verwenden Waffen aus dem Altertum und dem Mittelalter; so verwandelten sich beispielsweise Bogenschießen, Speerwurf und Fechten in modernen Gesellschaften in Wettkampfsportarten und wurden als eigene Disziplinen in die Olympischen Spiele aufgenommen. Einige der waffenlosen Formen des Nahkampfes, vor allem Ringen und Boxen, ziehen massenhaft Zuschauer an und werden in den Medien glorifiziert, inspirieren aber auch die Jugend. Der amerikanische Weltmeister im Schwergewichtsboxen, Mohammed Ali, brachte die elegante Ästhetik eines Kampfmeisters in seinem Motto „Tanzen wie ein Schmetterling, Stechen wie eine Biene" zum Ausdruck.

Ali demonstrierte die Integrität eines wahren Kriegers, als er sich weigerte, Militärdienst zu leisten und nach Vietnam in den Krieg zu gehen, wozu er sich folgendermaßen äußerte: „Ich habe keine Probleme mit den Vietkong – kein Vietkong hat mich je ‚Nigger' genannt." Diese Bemerkung musste er teuer bezahlen: Er wurde diffamiert, verlor seine Boxlizenz und musste vier Jahre lang auf seinen Titel verzichten, während sein Fall bis vor das Oberste Bundesgericht weitergezogen wurde. Für eine ganze Generation von Kriegsgegnern war dies der Kristallisationspunkt ihrer Opposition gegen einen Krieg der äußeren Aggression und Ausbeutung, der gegen die eklatanten Ungerechtigkeiten in der Gesellschaft nichts bewirken konnte.

Auch die Kämpfe zwischen gegnerischen Gruppen wurden in Wettkampfspiele und Sportveranstaltungen für ein Massenpublikum umgewandelt, wie Fußball, Baseball und andere, bei denen die gegeneinander antretenden Mannschaften sich an genau vorgegebene Regeln halten; wird dabei eine Verletzung einem Gegner absichtlich zugefügt, so wird dies bestraft, und versehentliche Verletzungen werden sofort medizinisch behandelt. Die Bilanz „Gewinnen" und „Verlieren" ergibt sich nicht aus Todesopfern, erbeuteten Ländereien oder Reichtümern, sondern aus den Fähigkeiten, der Schnelligkeit, dem Teamwork und den Preisen. Ob der Massenunterhaltungswert und die sozialisierte Disziplin solcher Spiele jemals ausreichen wird, um die auf aggressiven Wettkampf gerichteten Instinkte des Menschen vom Krieg auf das Spiel umzulenken, lässt sich schwer vorhersagen, ist jedoch inständig zu hoffen.

Der Kommerz ist ein weiteres Gebiet, auf dem der aggressive Wettkampfinstinkt des Menschen in sozial produktive Formen des Wettstreits mit legal aufgestellten Regeln und Beschränkungen umgewandelt wurde. Die Wirtschaftssprache, besonders in der modernen Version des amerikanischen Kapitalismus, ist durchdrungen von Metaphern, die mit Aggression und Kriegführung zu tun haben – wie *Chief*

*Executive Officer* (wörtlich: leitender Vollzugsoffizier) *Sales campaigns* (Verkaufskampagne) *hostile take-over* (feindlicher Übergriff), *establishing territory* (ein Territorium erobern).

### Die Schutzfunktion des Kriegers in der Gesellschaft

Auf der kommunalen Ebene haben Polizisten, die manchmal auch als „Friedensoffiziere" bezeichnet werden, die Aufgabe, Aktivitäten zu neutralisieren oder zu verhindern, die zur Störung der sozialen Ordnung beitragen oder anderen Schaden zufügen. Im Idealfall lernen solche Friedensoffiziere in ihrer Ausbildung, wie sich Konflikte entschärfen lassen, indem man sich nur soweit wie nötig einmischt. Ich weiß noch, wie beruhigend es auf mich als Kind im England der 1950er Jahre wirkte, dass die Polizisten, die man auch „*bobbies*" nannte, nur einen Schlagstock trugen, keine Feuerwaffen. Die Tatsache, dass die Polizei in unseren vielschichtigen und komplexen urbanen Gesellschaften manchmal ihre Macht missbraucht und manchmal von den herrschenden Eliten dazu benutzt wird, ihre Kontrolle über die Bevölkerung zu verstärken, sollte unsere Anerkennung für ihre wesentliche friedenserhaltende Rolle nicht trüben.

Auf der gesellschaftlichen Ebene ist es das *Strafjustizsystem* mit seinen Staats- und Rechtsanwälten, Vollstreckungsorganen und Gefängnissen, das ein System von Gesetzen und Bestrafungen verwendet, um die soziale Ordnung aufrechtzuerhalten, und in dem man über gegenteilige Interessen und Programme strategisch, aber gewaltlos verhandelt. In der symbolischen Verkörperung ist dies die Göttin *Justitia*, in deren Waagschalen Gleichheit und Gerechtigkeit ruhen. Sie hält ein Schwert, das für die unterscheidende Beurteilung und den Vollzug der Gesetze steht, und trägt eine Augenbinde, die darauf hinweist, dass die Justiz keine Vorurteile hinsichtlich Klasse, Wohlstand oder Macht haben, sondern blind dafür sein sollte.

Als der *Reformer* Martin Luther im Jahr 1517 seine 95 Thesen über den Ablasshandel verkündete und an die Kirchenmauer heftete, übernahm er die Funktion eines *Kriegers/Kritikers,* der gegen die Korruption und Degeneration der römisch-katholischen Kirche protestierte, und kämpfte gleichzeitig um die Wiederherstellung seiner moralischen Integrität. Seine offensive Kritik löste tatsächlich nicht nur die Reformationskriege aus, sondern führte auch zur Gründung der allerersten protestantischen Kirche.

Die *Abolitionisten*, die meist gewaltlos für die Abschaffung der staatlich sanktionierten Sklaverei kämpften, handelten als Krieger/Beschützer des Moralkodexes einer zivilisierten Ordnung, die nicht überlebensfähig ist, wenn die Sklaverei institutionalisiert ist – denn Sklaven werden immer und zu Recht um ihr eigenes Recht auf Freiheit kämpfen.

Es gibt viele historische und aktuelle Beispiele von Kämpfern, die zu gewaltfreien Beschützern und Fürsprechern einer friedlichen und gerechten Sozialordnung geworden sind: vom englischen Robin Hood und seinen „Merry Men", welche die Reichen bestahlen, um den Armen zu geben; über die *US Veterans for Peace*-Gruppen, die jungen Leuten, die sich für eine Militärlaufbahn interessieren, ihre Hilfe und eine realistische Ausbildung anbieten; bis hin zu ehemaligen Streetgang-Mitgliedern vom „Red-Beret"-Typus, die sich der Förderung von Gerechtigkeit und Bildung innerhalb ihrer Gemeinschaft verschrieben haben.

### Kritiker, Spione, Whistleblower

Wir haben gesehen, wie man Symptome in der Medizin als Signale des Immunsystems deuten kann – dass eine Art Bedrohung der Unversehrtheit des Ganzen vorliegt, die identifiziert und bekämpft werden muss. In sozialen Organisationen und Gemeinschaften ist es die Rolle des Kritikers und Reformers, die Schwächen der Korruption und Degeneration ausfindig zu machen und gleichzeitig Änderungen zu bewirken, um sie zu korrigieren.

Die Signalfunktion ist ein wichtiger Aspekt der Lösung von Verteidigungs- und Schutzkonflikten auf allen Ebenen der Gesellschaft. Man könnte dies als *Verbindung des Wegs des Kriegers/Reformers mit dem des Kommunikators* betrachten. Der Wächter, Hüter oder militärische Außenposten an den Grenzen einer Gemeinschaft oder eines Landes sendet Signale, um die Abwehrkräfte im Falle einer Bedrohung von außen oder einer Invasion zu mobilisieren. Das klassische verbale Signal des Wachmanns oder Hüters lautet: „Halt! Wer da?".

Der alte chinesische Klassiker *Sun Tzu – Die Kunst des Krieges*, den bis heute sowohl militärische als auch unternehmerische Konfliktstrategen studieren, weist besonders auf den Gebrauch von Signalen und falschen Signalen hin. Das Vortäuschen einer Bewegung in eine andere als die erwartete Richtung, um den Verfolger abzuschütteln, sowie trügerische und irreführende Signale über Bewegungen, Absichten und Stärken sind wie bei Tieren wesentliche Bestandteile der Kampfstrategien.

„Der kampflose Sieg ist der beste" ist eine zentrale Maxime von Sun Tzu über Kriegsführung, der auf taoistischen Prinzipien basiert: man bereitet sich darauf vor, sich auf unerwartete, unvorhersehbare Art fließend zu bewegen, und nutzt dabei Taktiken des Ausweichens und der Tarnung. Das Gelände oder den Ort der Auseinandersetzung, die eigenen Stärken und Schwächen ebenso wie diejenigen des Gegners bewusst wahrzunehmen, gehört zu den Konfliktprinzipien, die sowohl im Konferenzraum als auch auf dem militärischen Schlachtfeld gelten.

Irreführende und täuschende Signalgebung spielt eine wichtige Rolle sowohl in den Kriegen zwischen Nationen als auch in den geheimen Taktiken finanzieller Intrigen. Spionage- und Spionageabwehragenten spüren vermischte und kodierte Nachrichten auf, entschlüsseln sie und übermitteln diese. Das über fünfzig Jahre nach dem Ende des Zweiten Weltkriegs erschienene Buch *Garbo – The Spy who Saved D-Day* („Garbo, der Spion: Das Geheimnis des D-Day") von Tomás Harris zeichnet die wahre Geschichte eines spanischen Doppelagenten auf, der vorgab, für die Deutschen zu arbeiten und eine Vertrauensbeziehung zu ihnen aufbaute, während er den Alliierten darüber berichtete und dem deutschen Oberkommando falsche Informationen übermittelte. Seine Aktivitäten, die absolut gewaltfrei waren, spielten eine entscheidende Rolle im Verlauf der Invasion in der Normandie und retteten Tausenden das Leben.

Operationen unter „falscher Flagge" – wobei ein Schiff der Nation A die Flagge der Nation B gehisst hat, während es ein anderes Schiff der Nation A angreift, um Vergeltungsangriffe gegen B zu rechtfertigen – wurden in den Seeschlachten des 18. und 19. Jahrhunderts eingesetzt. Einige zeitgenössische Beobachter glauben, dass die Angriffe auf das World Trade Center vom 11. September 2001, die moslemische Terroristen verübt haben sollen, in Wirklichkeit eine Art Operation unter falscher

Flagge waren, um einen Präventivkrieg gegen die arabisch-muslimischen Länder des Nahen Ostens, unter deren Kontrolle riesige Ölreserven stehen, zu lancieren.

Ein anderes Beispiel für die Kombination der Lebenswege Krieger/Reformer mit dem signalgebenden Kommunikator ist der *Whistleblower* innerhalb einer Organisation, der auf Fehler, Korruption und Diebereien beim Betrieb eines Unternehmens hinweist. Gesetze zum Schutz von Whistleblowern vor Vergeltung sind kürzlich erlassen worden – doch die Gefahr, dass sie ihr Leben oder ihre Freiheit verlieren, ist in den meisten Ländern immer noch sehr hoch.

Manchmal sind Whistleblower mit einer reformerischen Haltung aus den Reihen des Militärapparats selbst hervorgegangen. So geschah dies im Fall des hochdekorierten Generals des US-Marinekorps, Smedley D. Butler, der in seinem 1935 erschienenen Buch *War is a Racket* („Der Krieg ist eine Masche") auf die gefährlichen Parallelen zwischen Kriegssökonomie und kriminellen Gangstertum hinwies und persönlich einen Attentatsversuch von Wall-Street-Leuten gegen Franklin D. Roosevelt vereitelte.

Ein weiteres Beispiel ist der Pentagon-Insider Daniel Ellsberg, der in den 1960er Jahren die *Pentagon-Papiere* veröffentlichte und dadurch die Dokumentation einer langen Geschichte verdeckter Manöver und Irreführungen in den Jahren vor dem Beginn des Vietnamkrieges an die Öffentlichkeit brachte. Ellsberg nahm das Risiko, den Rest seines Lebens aufgrund seines prinzipientreuen Widerstands im Gefängnis zu verbringen, bewusst in Kauf und überlebte es.

Andere Insider-Kritiker oder Reformer hatten nicht so viel Glück. Claus Schenk Graf von Stauffenberg, ein hoher Militäroffizier und Berater in Hitlers Generalstab, war schockiert von der Zerstörung, welche die Nazis in der deutschen Gesellschaft angerichteten hatten, und versuchte das wahnsinnige Vorhaben des Führers durch einen Mordanschlag zu vereiteln. Das Misslingen seines Plans kostete ihn das Leben.

### Krieger der Erde als Umweltschützer

Innerhalb des Spektrums von Aufrechterhaltung – Bewahrung – Umweltschutz unter den Ökoaktivisten sind die Krieger der Erde diejenigen, die strategisch arbeiten, mit einer Vielfalt direkter Taktiken, um die systemisch-industrielle profitorientierte Ausbeutung und Zerstörung der Umwelt zu verhindern oder zu vermindern. Man kann sie „radikal“ nennen, weil sie die Verteidigung und den Schutz der Natur und der Erde an erste Stelle setzen, vor Motiven wie Selbstdarstellung und dem Anhäufen von Reichtum, und weil sie alle lebenden Wesen ehren und respektieren und ihren eigenen Tod nicht fürchten. Die radikale Umweltschutzgruppe *Earth First!*, die von Dave Foreman, Mike Roselle und ihren Freunden gegründet wurde, da sie von den endlosen Kompromissen der Politik enttäuscht waren und der direkten Aktion den Vorzug gaben, wählten als ihr Motto: *Kein Kompromiss bei der Verteidigung der Erde.*

Einige dieser Erdenkrieger haben Taktiken wie „Monkey-Wrenching“ verwendet, um Holzfällermaschinen, Staudämme von Flüssen oder Fischereischleppnetze buchstäblich unbrauchbar zu machen. Krieger der Erde wenden Kommunikationsmethoden an, um der Propaganda des militärisch-industriellen Komplexes, der die Umwelt aus Profitgründen zerstört, entgegenzutreten. Dazu gehören Menschen wie Helen Caldicott, eine Ärztin, die unermüdlich Aufklärungs- und Unterstützungsarbeit zur Abschaffung der Atom(waffen)technologie leistet; diejenigen, die unerbittlich für die Erhaltung der Regenwälder auf der ganzen Welt kämpfen, wie der Amerikaner Randy Hayes, der Brasilianer Chico Mendes und der Australier John Seed; Aktivisten und Aufklärer der Öffentlichkeit wie David Brower, Robert Hunter, David Suzuki und weitere, die sich für eine andere Haltung gegenüber der Umwelt engagieren, indem sie die Massenmedien geschickt und einflussreich einsetzen.

Der vielleicht wirksamste und brillanteste Erdenkrieger der modernen Zeit ist der Kanadier Captain Paul Watson, der in seinen vielen direkten Aktionen die Verhaltensregel, weder Mensch noch Tier Schaden zuzufügen – auch seinen Gegnern nicht – gewissenhaft eingehalten hat, während er industrielle Ausbeutungs- und Zerstörungsmaschinen lahmlegte, vor allem bei Fischereiunternehmen der Weltmeeere. Watson nennt den Medienphilosophen Marshall McLuhan, der seine Einsichten in dem Satz *Das Medium ist die Botschaft* zusammenfasste, als eine seiner Inspirationsquellen. Indem sie jeden ihrer Einsätze mit Bild und Ton festhalten, benutzen die medienerfahrenen Erdenkrieger wie Watson, Foreman und andere ihre Aktionen, um einen Wandel sowohl auf globaler als auch auf lokaler Ebene herbeizuführen.

In seiner Autobiographie *Earthforce: An Earth Warrior's Guide to Strategy* („Erdenkraft: Strategie-Leitfaden eines Erdenkriegers“) beschreibt Paul Watson die sieben wichtigsten Strategiekünste eines Erdenkriegers. Drei dieser Strategien – die des Heilers, des Vermittlers und des Künstlers – sind mit anderen Wegen verknüpft, die ich in diesem Buch bespreche. Zwei sind vor allem für das wichtig, was ich als den Weg des Kriegers bezeichne. Die Strategie des *Eindringlings* ist es, „aus dem Innern der Befestigungsanlagen der Feinde der Erde Veränderung zu bewirken. Dies erfordert, dass man die Kunst der Spionage beherrscht, sich mit kreativer Sabotage auskennt sowie in den von den Anthropozentristen geschätzten Fertigkeiten geübt ist.“ Die Strategie des *Katalysators* liegt „in der Konfrontation und Provokation [...] wie Akupunkturnadeln, die eine Reaktion stimulieren [...] oder auch wie Blitze, die schnell und konsequent einschlagen“. Die sechste Strategie gemäß Watsons Terminologie ist die des *Schamanen*, der „die spirituelle Realität mit der materiellen Realität verbindet [...] mit seiner Intuition und der Fähigkeit, sich in die visionäre Welt zu begeben“. Aus meiner Sichtweise würde ich die schamanischen Praktiken, besonders die Fähigkeit, sich mit den geistigen Welten zu verbinden, als integralen Bestandteil aller Wege bezeichnen, sowohl des Kriegers als auch aller anderen Wege. Paul Watson zufolge ist das höchste Ziel der strategischen Philosophie des Sun Tzu der Frieden, was einmal mehr auf die Überschneidung zwischen dem Weg des Heilers und dem Weg des Kriegers hinweist.

Wir können diese Sicht des Kriegers als grundlegende Interpretation einer der Seligpreisungen Jesu erkennen: „Selig sind, die da hungert und dürstet (d.h. die streben) nach der Gerechtigkeit; denn sie sollen satt werden (d.h. zufrieden).“ *(Matthäus 5:6)*

# Epilog I

## Die Heldendichter des Altertums und des Mittelalters

Das sumerische *Gilgamesch-Epos*, festgehalten in Keilschrift auf Tontafeln aus dem 3. und 2. Jahrtausend vor Christus, erzählt die Geschichte des übermenschlichen Heldenkönigs von Uruk, dem Spross einer göttlichen Annunaki-Mutter und eines menschlichen Vaters. Gilgamesch muss lernen, seine anmaßende Arroganz zu zügeln, indem er mit dem wilden, haarigen Mann Enkidu, der unter den Tieren im unberührten Wald lebt, zusammentrifft, gegen ihn kämpft und schließlich sein Freund wird. Als Enkidu, der das autonome animalische Körper-Selbst symbolisiert und das Zellgedächtnis der menschlichen Evolution in sich trägt, stirbt, begibt sich Gilgamesch auf seine legendäre Reise zu den Ländern hinter den Pforten des Todes, um die Geheimnisse der Unsterblichkeit zu erforschen.

G.I. Gurdjieff, geboren und aufgewachsen im späten 19. Jahrhundert in der Kaukasusregion, berichtete von Geschichten, die er als Kind von seinem armenisch-russischen Vater gehört hatte, einem traditionellen Geschichtenerzähler und Barden. Die sumerischen Tontafeln mit dem Gilgameschepos waren bis in die Anfangsjahre des 20. Jahrhunderts unentdeckt geblieben. Gurdjieff erkannte in diesem Epos die Geschichten wieder, die er von seinem Vater gehört hatte, der damit eine ununterbrochene Linie der mehr als zweitausend Jahre lang mündlich überlieferten Geschichte fortführte.

Die epischen Dichter des Mittelalters nahmen ihre antiken Vorgänger manchmal als imaginäre Musen und Mentoren in Anspruch. Im ersten Jahrhundert vor Christus schrieb der römische Dichter Virgil sein Gedicht *Aeneis*, worin er die Wanderungen des Aeneas durch die Mittelmeerländer nach dem Fall von Troja beschrieb, bis hin zur Gründung der Römischen Republik auf der italienischen Halbinsel. Zwölf Jahrhunderte später brachte der Florentiner Dante Alighieri seine

*Divina Commedia* zu Papier, die mit den bekannten Zeilen beginnt, die einen Wendepunkt in der Lebensmitte bezeichnen:

*In der Mitte meiner Lebensreise*
*Fand ich mich in einem dunklen Wald*
*Und ich hatte meinen Weg verloren.*

Während der Dichter den Geist von Vergil als seinen Mentor und Führer wählt, tritt er seine folgenschwere Pilgerreise an: hinunter durch die tiefer liegenden Ebenen des der Hölle (*Inferno*), bis zum tiefsten Punkt des Abgrunds, wo der Erzfeind Satan haufenweise sündige Menschen gleichzeitig auffrisst und als Kot wieder ausscheidet; dann bewältigt er mühevoll Runde um Runde den Aufstieg zum Läuterungsberg (dem *Purgatorio*), wo die Seelen von ihren sündigen Unreinheiten gereinigt werden; und schließlich steigt er auf zur ekstatischen, seligen Vision seiner geliebten Beatrice ins *Paradiso* aus reinem Licht und Liebe.

Beim Erzählen der Geschichten aus der Antike werden die spirituellen Lehren der alten Weisen oft in die epischen Erzählungen hineingewoben. So finden wir mitten in den endlosen Berichten über Schlachten im indischen *Mahabharata*-Epos die erhabene spirituelle Vision der *Bhagavad Gita.* Da ist Arjuna, ein Krieger auf dem Schlachtfeld, der seinem Wagenlenker anvertraut, dass er keine rechte Lust mehr hat zum Kampf und zur Schlacht, da er gegen eine Reihe von Feinden antreten soll, die alle irgendwie mit ihm verwandt sind – sie sind seine erweiterte Familie. Und sein Wagenlenker, der in Wirklichkeit der verkleidete Gott Krishna ist (und dieser selbst wiederum ein *Avatar* des höchsten Gottes Vishnu) entgegnet ihm: „Entziehe dich nicht der Aufgabe, die dir in deinem Leben als Krieger zugeteilt wurde" – du musst tun, was du tun musst, doch fühle dich nicht mit dem Ausgang deiner Handlungen verbunden. Und dann gewährt Krishna, der göttliche Wagenlenker, dem menschlichen Krieger Arjuna auf dessen Bitte eine Vision der überwältigenden Herrlichkeit des höchsten Gottes, „strahlender als tausend Sonnen".

Im mittelalterlichen Europa wurden die über Jahrhunderte durch mündliche Überlieferung bewahrten Erzählungen zu Heldengeschichten, die nationale Identitäten bestimmten. Magische Elemente – Fabeltiere, übernatürliche Wesen, Flüche und Beschwörungen – vermischen sich mit Sagen über heroische Schlachten und Romantik. So war es beim finnischen *Kalevala-Epos*, das Mitte des 19. Jahrhunderts niedergeschrieben wurde, auf älteren Gedichten und Gesängen basierte und über die wundersamen Heldentaten und magischen Abenteuer des Helden Väinämöinen berichtete; beim französischen *Chanson de Roland* aus dem 11. Jahrhundert und anderen *Chansons de geste* – Liedern über christliche Ritter, die gegen muslimische Sarazenen kämpften; beim deutschen *Nibelungenlied*, das die Geschichten der isländischen *Edda* über Siegfried den Drachentöter und seine geliebte Kriemhilde fortsetzte und ausbaute; und beim angelsächsischen Heldengedicht *Beowulf* aus dem 10. Jahrhundert, das über den Kampf des Helden gegen den monströsen Troll Grendel und dessen Mutter, ein noch größeres Ungeheuer, berichtet.

Die mythischen Sagen der Völker des Altertums weisen zahlreiche Bezüge zu „Göttern" auf – menschenähnlichen Wesen mit übernatürlichen psychisch-physischen Kräften und Waffen sowie besonderer Langlebigkeit. Zachariah Sitchin und andere Wissenschaftler, wie Erich von Däniken, haben umfassende Beweise zusammengetragen, die darauf hindeuten, dass die alten mythischen Geschichten über die Existenz und die Aktivitäten einer den Menschen überlegenen Rasse, die sogenannten „Götter", sich auf hochentwickelte Außerirdische beziehen, die den Planeten Erde in prähistorischen Zeiten bevölkerten. Sie wurden mehrere tausend Jahre alt und waren in den Augen der einheimischen Erdenmenschen anscheinend unsterblich und ausgestattet mit übermenschlichen Fähigkeiten. Diese *Annunaki*, wie die Sumerer sie nannten, oder *Nephilim*, wie sie in der hebräischen Bibel heißen, erschufen die ursprünglichen Menschengeschlechter oder kreuzten sich mit ihnen (man nannte diese Erblinie „Adam und Eva") und gründeten die Zivilisation, die in der großen Flut von Atlantis um das zehnte Jahrtausend vor Christus unterging.

Einige esoterische Lehren behaupten auch, dass diese außerirdischen göttlichen Schöpferwesen mit diversen anderen intelligenten hybrid-humanoiden Lebensformen auf der Erde experimentierten und Spuren in den archaischen Bildwelten von Tieren mit menschlichen Eigenschaften sowie in den mythischen Sagen über Zentauren und Meerjungfrauen, Greife und Sphinxen, gefiederte Schlangen und Pferde mit Flügeln hinterließen. Viele ursprüngliche Traditionen besagen, dass die

Menschen in der Lage waren, mit verschiedenen nicht-menschlichen Arten, die gemeinsam mit ihnen diesen Planeten bewohnten, zu kommunizieren. Der Bibel zufolge verloren die Menschen diese Fähigkeit bei dem Ereignis, das als „babylonische Sprachverwirrung“ nach der Zerstörung des Turms von Babel bezeichnet wird.

# Epilog II

## Mittelalterliche Minnesänger und Mystiker-Dichter

Die frauenzentrierte kulturelle Blüte, die im Europa des 11. und 12. Jahrhunderts auftrat und in den Bauwerken der großen Marienkathedralen sowie in der Suche nach dem Heiligen Gral zum Ausdruck kam, schlug sich auch in bestimmten mystischen Bewegungen innerhalb des monastischen Systems der Katholischen Kirche nieder.

Die Benediktineräbtissin Hildegard von Bingen (1099–1179) berichtete von ihren großartigen Vision der göttlichen *viriditas*, der Grünkraft des Schöpfers, die sich in der Schönheit und Blüte der Natur manifestiert. Sie rief Konvente für ihre Nonnen ins Leben, unterrichtete und schrieb über das Heilen mit Kräutern, komponierte Lieder und Mysterienspiele und erhielt sogar vom damaligen Papst Unterstützung für ihre radikal-ökologische Theologie. Ich habe über Hildegards Visionen in meinem Buch *Das mystische Grün* geschrieben.

Franz von Assisi (1181–1226) gab ein Leben im ererbten Wohlstand und Luxus auf und wurde Wandermönch und Troubadour der göttlichen Liebe; er gründete einen Orden ohne materiellen Wohlstand, trat für die Armen und Kranken ein und sprach mit Tieren und Bäumen. Franziskus, der als Vorreiter für die Öko- und Tierrechtsbewegung bezeichnet wurde und der Schutzheilige meiner Wahlheimat San Francisco ist, war sowohl Troubadour als auch Priester. Gegen Ende seines Lebens komponierte er den herrlichen *Sonnengesang*, der Sonne und Mond, Wind und Wasser, Feuer und „Schwester Mutter Erde, die uns ernährt und trägt“ lobpreist.

Auch andere Orden erwuchsen im 11. und 12. Jahrhundert aus der Ritterlichkeit – einige von ihnen, wie die *Templer* in Frankreich und Deutschland, waren zölibatäre Krieger-Mönche, die Pilger auf ihrer Reise in das Gelobte Land beschützten, Herbergen errichteten und als Kuriere und Bankiers tätig waren. In Britannien erzählte man sich Geschichten über die Bruderschaft der Ritter der Tafelrunde, die sich um den legendären König *Artus* versammelte, und über eine ähnliche Bruderschaft am Hofe Kaiser Karls des Großen mit seinen *Paladinen.*

Ritter traten gegeneinander in rituell inszenierten Turnieren an, wetteiferten um die Gunst einer edlen Dame und stellten ihr Leben in ihren Dienst. Folglich erlangte nun *Amor*, die menschliche Liebe zwischen Mann und Frau, ihren eigenen Wert, und durch die Kraft ihrer spirituellen Hingabe wurde sie der religiösen Gottesliebe und der sozial verordneten ehelichen Liebe innerhalb eines patriarchalen Gütersystems ebenbürtig. Die *Troubadoure* und *Minnesänger* besangen die Freuden der Liebe und der Sehnsucht nach einer Liebesverbindung, die aufgrund ungleicher Klassen und Kasten unerreichbar war.

Der deutsche Dichter Wolfram von Eschenbach (1170-1220) verfasste seine außergewöhnliche dichterische Erzählung über *Parzival*, einen der edlen Ritter an Artus' Hof. Auch Parzival brach auf, um den Gral zu finden, der in Eschenbachs Version kein Kelch, sondern ein wertvoller, himmlischer Stein war – der *lapis exilis,* der an den *lapis* der Alchemisten erinnert. Wie der legendäre *Gralskelch* besaß dieser himmlische Stein die Kraft, alle Wunden zu heilen und zu verjüngen. Nach zahlreichen und herausfordernden Abenteuern, Niederlagen und Initiationen wurde Parsifal, der diesen geheimnisvollen Visionsstein gefunden hatte, Zugang zum Schloss gewährt, wo der verwundete Fischerkönig sich in endlosen Qualen wand. Er sprach die Grundworte des Mitgefühls aus: „Woran leidest du?“ Daraufhin öffneten sich auf magische Weise die Tore des Schlosses und ließen den verwundeten König heilen – und dadurch erlangte das brachliegende Land wieder Fruchtbarkeit und das Königreich wieder Reichtum.

Ein wichtiges Zentrum der kulturellen Blüte dieser Zeit war die Region *Languedoc*, heute als *Provence* bekannt, im Süden Frankreichs. Hier gründeten die *Katharer* – der Begriff bedeutet „die Reinen“ – ihre Gemeinschaften und bemühten sich, einfach und bescheiden zu leben, einige mit Familien, andere als Mönche im Zölibat. In jener Zeit und jener Region kam es auch am Hof der erleuchteten Herrscherin Eleanore von Aquitanien (1122–1204) zu einer großartigen Blüte der Künste, in den Dichtungen und Lieder der Minnesänger und Troubadoure und in der Kultivierung von ritterlicher Höflichkeit, Schutz und Respekt vor der Weiblichkeit.

Obwohl es geographisch kaum Kontakt zwischen Europa und Persien gab, bestehen viele Gemeinsamkeiten zwischen der Sufi-Bewegung, die mystische Praktiken und Schriften hervorbrachte und im 12. und 13. Jahrhundert zur Hochblüte gelangte, und der mystischen Ästhetik bei Franz von Assisi und Hildegard von Bingen. Der Dichter und Übersetzer Coleman Barks nannte *Jalaluddin Rumi* (1207–1273) einen „Meister ekstatischer Erdung". Auf unerwartete und geheimnisvolle Weise wurden in einer Art Seelenwanderung der Kulturen die Rumi-Übersetzungen zu den meistverkauften englischen Poesiebänden unserer Zeit.

# Ausgewählte Bibliographie


**Allen, Johnny 'Dolphin':** *Far Out and Far Away.* Santa Fe, NM: Synergetic Press, 2011.

**Bateson, Gregory:** *Mind and Nature – A Necessary Unity.* New York: E.P. Dutton, 1979. Deutsch: *Geist und Natur. Eine notwendige Einheit.* Frankfurt am Main: Suhrkamp, 1982.

**Bateson, Mary Catherine:** *With a Daughter's Eye – A Memoir of Margaret Mead and Gregory Bateson.* New York: William Morrow, 1984.

**Bohm, David:** *Wholeness and the Implicate Order.* London: Routledge, 1983. Deutsch: *Die implizite Ordnung. Grundlagen eines dynamischen Holismus.* Goldmann: München, 1987

**Butler, Smedley D.:** *War is a Racket.* Los Angeles: Feral House, 2003.

**Davidson, Keay, & Sagan, Carl:** Carl Sagan: *A Life.* New York: John Wiley & Sons, 2000.

**Ellsberg, Daniel: Secrets:** *A Memoir of Vietnam and the Pentagon Papers.* New York: Penguin Books, 2002.

**Gerber, Richard:** *Vibrational Medicine.* Santa Fe, NM: Bear & Co., 1988.

**Gimbutas, Marija:** *The Language of the Goddess.* San Francisco: Harper Collins, 1989. Deutsch: *Die Sprache der Göttin.* Frankfurt am Main: Zweitausendeins, 1995.

**Graves, Robert:** *Greek Myths.* London: Cassell, 1958. Deutsch: *Griechische Mythologie.* Reinbek bei Hamburg: Rowohlt, 1964.

**Grof, Stanislav:** *Beyond the Brain – Birth, Death and Transcendence in Psychotherapy.* Albany, NY: SUNY Press, 1985. Deutsch: *Geburt, Tod und Transzendenz. Neue Dimensionen in der Psychologie.* Reinbek bei Hamburg: Rowohlt, 1991.

**Hagenbach, Dieter & Wertmüller, Lucius:** *Albert Hofmann und sein LSD.* Aarau und München: AT Verlag, 2011.

**Harner, Michael:** *The Way of the Shaman.* San Francisco: Harper & Row, 1980. Deutsch: *Der Weg des Schamanen.* Genf: Ariston, 1981.

**Harris, Tomás:** *Garbo – The Spy Who Saved D-Day.* Toronto: Dundurn Press, 2004.

**Koning, Hans:** *The Conquest of America. How the Indian Nations Lost Their Continent.* New York: Monthly Review Press, 1993.

**Kuhn, Thomas:** *The Structure of Scientific Revolutions.* International Encyclopedia of Unified Science, Vol. 2. No. 2. University of Chicago Press, 1962. Deutsch: *Die Struktur wissenschaftlicher Revolutionen.* Frankfurt am Main: Suhrkamp, 1967; 2. Auflage 1976.

**Lilly, John C. The Scientist:** *A Novel Autobiography.* Lippincott. 1978. Deutsch: *Der Scientist.* Basel: Sphinx, 1984

**Mack, John:** *Passport to the Cosmos.* New York: Crown Publishers, 1999.

**Margulis, Lynn:** *Symbiotic Planet - A New Look at Evolution.* Amherst, MA: Basic Books, 1988. Deutsch: *Lynn Margulis: Die andere Evolution.* Heidelberg und Berlin: Spektrum Akademischer Verlag, 1999.

**Margulis, Lynn & Schwartz, Karlene:** *Five Kingdoms - An Illustrated Guide to the Phyla of Life on Earth.* New York: W. H. Freeman & Co., 1982. Deutsch: *Die fünf Reiche der Organismen: ein Leitfaden.* Heidelberg: Spektrum der Wissenschaft, 1989.

**Meeker, Joseph W.:** *The Comedy of Survival.* Foreword by Konrad Lorenz. Introduction by Paul Shepard. Los Angeles, CA: Guild of Tutors Press, 1980.

**Meade, Michael:** *Fate and Destiny.* Seattle, WA: Greenfire Press, 2010.

**Metzner, Ralph:** *The Unfolding Self.* Ross, CA: Pioneer Imprints, 2010.

**Metzner, Ralph (Hg.).** *Eye of the Seeress - Voice of the Poet.* Berkeley, CA: Green Earth Foundation, 2011.

**Metzner, Ralph:** *Green Psychology.* Rochester, VT: Park Street Press, 1999. Deutsch: *Das mystische Grün.* Uhlstädt-Kirchhasel: Arun Verlag, 2000.

**Metzner, Ralph:** *The Well of Remembrance.* Boston, MA: Shambhala, 1994. Deutsch: *Der Brunnen der Erinnerung.* Uhlstädt-Kirchhasel: Arun Verlag, 2012.

**Metzner, Ralph:** *The Roots of War and Domination.* Berkeley, CA: Green Earth Foundation and Regent Press, 2008. Deutsch: *Die Wurzeln von Krieg und Herrschaft.* Solothurn: Nachtschatten Verlag, 2008.

**Parenti, Michael:** *The Assassination of Julius Caesar.* New York: The New Press, 2003.

**Rätsch, Christian:** *Enzyklopädie der psychoaktiven Pflanzen.* Aarau: AT-Verlag, Schweiz, 1998.

**Reich, Wilhelm:** *Charakteranalyse* (1933). Erweiterte Fassung: Kiepenheuer & Witsch, Köln 1970

**Rosenberg, Marshall:** *Speak Peace in a World of Conflict.* Encinitas, CA: Puddle Dancer Press, 2005. Deutsch: *Die Sprache des Friedens sprechen - in einer konfliktreichen Welt.* Paderborn: Junfermann, 2006.

**Schultes, Richard Evans and Hofmann, Albert:** *Plants of the Gods.* Rochester, VT: Healing Arts Press, 1992. Deutsch: *Pflanzen der Götter.* Aarau: AT-Verlag, komplett überarbeitete Neuausgabe, 1998.

**Sheldrake, Rupert:** *The Presence of the Past. Morphic Resonance and the Habits of Nature.* New York: Times Books, 1988. Deutsch: *Das Gedächtnis der Natur. Das Geheimnis der Entstehung der Formen in der Natur* (1990) Frankfurt am Main: Scherz Verlag, 2011

**Shepard, Paul:** *Nature and Madness.* San Francisco: Sierra Club Books, 1982.

**Sitchin, Zachariah:** *The Twelfth Planet.* New York: Avon Books, 1976. Deutsch: *Der zwölfte Planet: wann, wo, wie die Astronauten eines anderen Planeten zur Erde kamen und den Homo sapiens schufen.* München: Droemer Knaur, 1995.

**Solzhenitsyn, Alexander:** *The Gulag Archipelago. A history of the entire process of developing and administering a police state in the Soviet Union.* Published in English translation, 1973–1978. Deutsch (Erstausgabe): Alexander Solschenizyn: *Der Archipel Gulag - Arbeit und Ausrottung, Seele und Stacheldraht.* Bern: Scherz, 1974.

**Stamets, Paul:** *Mycelium Running. How Mushrooms Can Help Save the World.* Berkeley, CA: Ten Speed Press, 2005.

**Stannard, David:** *American Holocaust. Columbus and the Conquest of the New World.* New York: Oxford University Press, 1992.

**Sun Tzu:** *The Art of War.* Translated by Thomas Cleary. Boston: Shambhala, 2005. Deutsch: *Die Kunst des Krieges.* Frankfurt am Main / Leipzig: Insel Verlag, 2009.

**Swimme, Brian & Berry, Thomas:** *The Universe Story - From the Primordial Flaring Forth to the Ecozoic Era.* Harper San Francisco, 1992. Deutsch: *Die Autobiographie des Universums.* München: Diederichs, 1999.

**Ullman, Dana:** *Homeopathy - Medicine for the 21st Century.* Berkeley, CA: North Atlantic Books, 1988.

**Vernadsky, Vladimir I.:** *Geochemistry and the Biosphere.* Santa Fe, NM: Synergetic Press, 2007.

**Watson, Paul:** *Earthforce! - An Earth Warrior's Guide to Strategy.* Foreword by Dave Foreman. Los Angeles: Chaco Press, 1993.

**Wesselman, Hank:** *The Bowl of Light.* Boulder, CO: Sounds True, 2011.

**Young, Arthur:** *The Reflexive Universe.* Delacorte Press / Seymour Lawrence, 1976. Deutsch: *Der kreative Kosmos. Am Wendepunkt der Evolution.* München: Kösel, 1990.

**Zinn, Howard:** *A People's History of the United States: 1492 to Present.* Harper Perennial Modern Classics, 2005. Deutsch: *Eine Geschichte des amerikanischen Volkes.* Hamburg: Nikol, 2013.

| Lebensweg/ Handlungsfeld | Details | Prozent der Zeit |
|---|---|---|
| **Künstler, Geschichtenerzähler, Dichter, Musiker** – versucht, andere zu inspirieren, indem er Schönheit und Harmonie in der Welt aufzeigt und ausdrückt. | | |
| **Erbauer, Organisator, Hersteller, Ingenieur** – versucht, Systeme zu erschaffen – sowohl materiell als auch sozial – die dem Leben dienen und es in all seinen Aspekten fördern. | | |
| **Forscher, Wissenschaftler, Sucher, Pionier** – strebt nach der Erweiterung und Vertiefung des Wissens über die Natur, das Leben, den Kosmos und die Psyche. | | |
| **Heiler, Schamane, Therapeut, Friedensstifter** – versucht Konflikte in natürlichen und sozialen Systemen zu reparieren, neu zu gestalten, wieder auszugleichen und zu lösen. | | |
| **Lehrer, Historiker, Sozialwissenschaftler, Journalist** – will Anderen Wissen vermitteln und sie informieren über geschichtliche, gesellschaftliche, politische und wirtschaftliche Angelegenheiten. | | |
| **Krieger, Wächter, Reformer, Aktivist** – strebt danach, natürliche und soziale Systeme gegen Invasion, Korruption oder Vergiftung zu schützen | | |

***Anleitung:*** *Nachdem du geschätzt hast, wie viel Zeit du für jeden Weg oder jedes Feld aufwendest, und Beispiele in jeder Kategorie aufgeschrieben hast, stelle dir die Divinationsfragen auf der gegenüberliegenden Seite.*

## Divinationsfragen auf den sechs Lebenswegen

- Welcher ist dein stärkster Weg – wo verwendest du am meisten Zeit und Energie? Dein Beruf ist wahrscheinlich ein Ausdruck oder eine Variante dieses Weges.
- Welcher Weg ist dir am wenigsten vertraut, welcher erscheint dir am herausforderndsten und schwierigsten? Der Weg, der dir am wenigsten vertraut ist, wird wahrscheinlich nicht in dem Interessensgebiet liegen, das du gewählt hast. Vielleicht ist es einer, den du aus Angst oder aufgrund negativer persönlicher Assoziationen vermieden hast. In diesem Fall könnte es zu mehr Ganzheit führen, wenn du dich damit auseinandersetzt und ihn sogar ein wenig übst. Möglicherweise entdeckst du sogar ein Talent oder eine Begabung, von denen du nichts wusstest.
- Was war der *Lebensweg deines Vaters?* Wenn du ein Sohn bist, bist du in die Fußstapfen deines Vaters getreten und hast seinen Beruf weitergeführt? Oder war es als Heranwachsender für dich wichtig, dass du *nicht* den gleichen Weg wie dein Vater beschreitest? Söhne (und Töchter) arbeiten vielleicht sogar in derselben Firma wie ihre Väter – mit den positiven und den negativen möglichen Konsequenzen.
- Was war der *Lebensweg deiner Mutter?* Einige Frauen, vor allem in den früheren Generationen, schränken ihren Lebensweg ein oder geben ihn auf, um sich ganz dem Haushalt und der Fürsorge für ihre Kinder zu widmen und um die Lebensarbeit ihres Ehemanns zu unterstützen. Einige tun dies vielleicht vorübergehend und kehren anschließend wieder zu ihrer Lebensarbeit zurück, wenn die Kinder groß genug sind.
- Welcher Lebensweg war der erste, auf den du dich in deinen Wachstumsjahren vorbereitet hast? In jenen Jahren entwickeln sich unsere Interessen, Ideale, Helden und Heldinnen. Vielleicht suchen und finden wir Lehrer, Führer und Mentoren. Haben sich dein Weg und deine Interssen in den *mittleren Jahren* geändert? Und wie ist dies in den *Reifejahren*, falls du dich darin befindest?
- Welche Lebenswege interessieren und rufen dich als mögliche zukünftige oder ergänzende Wege, die du verfolgen könntest?
- Manchmal kannst du vielleicht keinen der Lebenswege oder keines der Handlungsfelder, die deine Zeit in Anspruch nehmen, identifizieren. Das könnte eine Zeit der Verwirrung, des Übergangs, der Erholung, des Rückzugs sein – wenn du dabei bist, einen neuen Weg oder eine neue Richtung in deinem Leben zu finden.

## Auf Deutsch erschienene Bücher von Ralph Metzner

**Die sechs Lebenswege (2014)**
**Der Lebenszyklus der Menschenseele** (2013)
**Raum des Geistes – Strom der Zeit** (2012)
**Alchemistische Divination** (2010)
**Die Erweiterung des Bewusstseins** (2008)
**Die Wurzeln von Krieg und Herrschaft** (2008)
**Das Mystische Grün.** Die Wiedervereinigung des Heiligen mit dem Natürlichen (2000)
**Der Brunnen der Erinnerung** (1994 / 2012)
**Hineingehen.** Wegmarken für Transformation (1987)
**Psychedelische Erfahrungen.** Ein Handbuch nach Weisungen des Tibetanischen Totenbuches (1971; mit Timothy Leary und Richard Alpert)

## Auf Englisch erschienene Bücher von Ralph Metzner

**The Toad and the Jaguar (2013)**
**The Six Pathways of Destiny (2012)**
**Eye of the Seeress –Voice of the Poet (2011)**
**The Life Cycle of the Human Soul** (2012)
**Birth of a Psychedelic Culture:** Conversations about Leary, the Harvard Experiments, Millbrook and the Sixties (2010)
**Mind Space Time Stream** (2009)
**Alchemical Divination** (2009)
**The Roots of War and Domination** (2008)
**The Expansion of Consciousness** (2008)
**Sacred Vine of Spirits** – Ayahuasca (ed. 2006)
**Sacred Mushroom of Visions** – Teonanácatl (ed. 2005)
**Green Psychology** (1999)
**The Unfolding Self** (1998)
**The Well of Remembrance** (1994)
**Through the Gateway of the Heart** (ed. 1985)
**Know your Type** (1979)
**Maps of Consciousness** (1971)
**The Ecstatic Adventure** (ed. 1968)
**The Psychedelic Experience** (1964; mit Timothy Leary und Richard Alpert)

## Der Autor

Ralph Metzner

Ralph Metzner promovierte in den sechziger Jahren in Oxford und Harvard zum Doktor der Philosophie und der klinischen Psychologie. Metzner ist ein Urgestein der psychedelischen Forschung: Zusammen mit Timothy Leary und Richard Alpert war er 1962 an einer Studie im Rahmen eines Psilocybin-Forschungsprojekts an der Harvard Universität beteiligt. Während den siebziger Jahren widmete er sich zehn Jahre lang intensiv dem Agni Yoga, einem Meditations-System, bei dem das Prinzip von Feuer und Licht in geistige Energie verwandelt wird. Er schrieb in den letzten dreißig Jahren zahlreiche Bücher und Publikationen zur Bewusstseinsforschung. Heute leitet er als Professor am *Institute of Integral Studies* in Kalifornien Kurse für veränderte Bewusstseinszustände; daneben führt er eine psychotherapeutische Praxis. Ralph Metzner gilt heute international als einer der besten Kenner der ganzheitlichen Psychologie.

## Aus der Buchreihe: **Ökologie des Bewusstseins**

### von Ralph Metzner
### Herausgegeben von der Green Earth Foundation

1. **Die Erweiterung des Bewusstseins**
   - Albert Hofmann, LSD und die Suche nach dem alchemistischen Stein der Weisen
   - Erweiterungen des kollektiven Bewusstseins seit dem Ende des Zweiten Weltkrieges
2. **Die Wurzeln von Krieg und Herrschaft**
   - Psychologische und evolutionäre Wurzeln von Dominanz und Krieg
   - Religiöse Mythen und okkulte Legenden zum Ursprung des Kriegs
3. **Alchemistische Divination**
   - Heilung und Führung durch den Zugang zu deiner spirituellen Intelligenz
4. **Raum des Geistes - Strom der Zeit**
   - Wie man seine Bewusstseinszustände verstehen und navigieren kann
5. **Der Lebenszyklus der Menschenseele**
   - Inkarnation - Empfängnis - Geburt - Tod - Nachtod - Reinkarnation
6. **Die sechs Lebenswege**
   - Heiler/Friedensstifter, Forscher/Wissenschaftler, Krieger/Beschützer, Künstler/Musiker, Lehrer/Historiker, Erbauer/Organisator
7. **Welten des Bewusstseins**
   - Hierarchie und Holarchie in Systemen der sozialen und natürlichen Ordnung
   - Bewusstseinserweiterungen in einem lebenssystemischen Universum
   - Entwicklung der Weltbilder - geozentrische, heliozentrische und galaktozentrische

# Green Earth Foundation

## Harmonisierung der Menschheit mit Erde und Geist

Die Stiftung Green Earth Foundation ist eine gemeinnützige Organisation für Aufklärung und Forschung, die sich der Heilung und der Harmonisierung der Beziehungen der Menschheit zur Erde widmet, einschließlich der Erkenntnis der energetischen und spirituellen Vernetzung aller Formen des Lebens in allen Welten. Unsere strategischen Ziele dienen der Änderung unserer Einstellungen, Werte, Wahrnehmungen und Weltanschauungen und gründen auf ökologischem Gleichgewicht und der Achtung für die Unversehrtheit allen Lebens.

Der Bereich unserer Forschungsinteressen umfasst Bewusstseinsstudien, Schamanismus und Erd-Mythologie, grüne und Öko-Psychologie. Die Green Earth Foundation fördert auch das Metzner Alchemical Divination®-Trainingsprogramm.

Die Green Earth Foundation produziert und ist Mitherausgeberin einer neuen Serie von Büchern von Dr. phil. Ralph Metzner, die unter dem Namen Die Ökologie des Bewusstseins erscheinen. Die Stiftung unterstützt finanziell die Herausgabe der deutschen Übersetzung im Nachtschatten Verlag.

**Green Earth Foundation**
Sonoma, California
www.greenearthfound.org

# Alchemistische Divination

Alchemie ist die alte Kunst und Wissenschaft der elementaren Transformation. Der Schwerpunkt der Alchemisten lag im Heilen und in dem, was wir heutzutage Psychotherapie nennen. Dazu gehörte ebenso die Erweiterung des spirituellen Bewusstseins und Verständnisses. Alchemie beinhaltet wie Schamanismus und Yoga, mit denen sie verwandt ist, die Lehre und Praxis physikalischer, psychischer und spiritueller Transformation, die in der Bildsprache der materiellen Transformation ausgedrückt werden.

Divination ist die Praxis der Suche nach Heilung – der Einsicht und der Anleitung von inneren Quellen, die gewöhnlich als «spirituelle Welt», «göttliche Welt» oder als Intuition des «Höheren Selbst» bezeichnet werden. Wir sind bestens vertraut mit divinatorischen Hilfsmitteln und Werkzeugen wie zum Beispiel dem Tarot, dem I Ging oder den nordischen Runen; aber das Wesen der alchemistischen Divination besteht im Stellen von Fragen und im Empfangen von Antworten und Anleitungen aus den inneren Quellen des Wissens.

Die alchemistischen Divinationen, wie sie Ralph Metzner entwickelt hat, sind Prozesse strukturierter intuitiver Fragen, bei denen Methoden des Licht-Feuer-Yogas für einen erhöhten Zustand der Konzentration und des Bewusstseins zur Anwendung kommen. Wir arbeiten im Geiste des römischen Gottes Janus, des Gottes der Torwege, Durchgänge und Übergänge, dessen beide Gesichter gelassen in die Vergangenheit und in die Zukunft blicken.

Der Hauptzweck dieser alchemistischen Divinationen ist es, den Individuen zu helfen, ein tieferes Erfahrungs-Verständnis, Problemlösungen und eine visionäre Inspiration für ihren Lebensweg in seinen innerpsychischen, interpersonalen, kreativen und spirituellen Dimensionen zu erlangen.

Das Metzner Alchemical Divination®-Trainingsprogramm besteht aus drei Modulen von fünftägigen Workshops, die in Europa und Amerika abgehalten werden und in denen man lernt, die Divination sich selbst anzueignen, aber auch, wie man diese anderen vermittelt.

**Bitte kontaktieren Sie für weitere Informationen:**
**www.metzneralchemicaldivination.org**

**Achtung!**
**Sämtliche Kurse der Metzner Alchemical Divination®-Trainingsprogramme finden in englischer Sprache statt!**

# Ralph Metzner im Nachtschatten Verlag

Ralph Metzner
**Die Erweiterung des Bewusstseins**
80 Seiten, Format 14x21 cm,
Broschur. ISBN 978-3-03788-162-0

Ralph Metzner
**Die Wurzeln von Krieg und Herrschaft**
100 Seiten, Format 14x21 cm,
Broschur. ISBN 978-3-03788-180-4

Ralph Metzner
**Alchemistische Divination**
Heilung und Führung durch den Zugang zu deiner spirituellen Intelligenz.
152 Seiten, Format 14x21 cm,
Broschur. ISBN 978-3-03788-196-5

Ralph Metzner
**Raum des Geistes – Strom der Zeit**
Wie man seine Bewusstseinszustände verstehen und navigieren kann
168 Seiten, Format 14x21 cm, Broschur.
ISBN 978-3-03788-202-3

Ralph Metzner
**Der Lebenszyklus der Menschenseele**
Inkarnation – Empfängnis – Geburt – Tod – Jenseits – Reinkarnation
145 Seiten, Format 14x21 cm, Broschur.
ISBN 978-3-03788- 267-2

Ralph Metzner
**Welten des Bewusstseins**
ca. 150 Seiten, Format 14x21 cm,
Broschur, ISBN 978-3-03788-336-5